Susana Wald und Deike Uhlig

# Sprachführer Spanisch für Dummies

## Das Pocketbuch



WILEY-
VCH

WILEY-VCH Verlag GmbH & Co. KGaA

**Bibliografische Information der Deutschen Nationalbibliothek**
Die Deutsche Nationalbibliothek verzeichnet diese Publikation in der Deutschen Nationalbibliografie; detaillierte bibliografische Daten sind im Internet über http://dnb.d-nb.de abrufbar.

1. Auflage 2010
3. Nachdruck 2017



FSC www.fsc.org MIX Paper from responsible sources FSC® C013604

Gedruckt auf säurefreiem Papier

Korrektur Geesche Kiekbusch, Hamburg
Satz Kühn & Weyh, Freiburg

ISBN 978-3-527-70581-8

## Schimpfwörter für alle Fälle

- **¡Mierda!** (*mier-da*; Scheiße! Mist!)
  **¡Qué mierda! ¡Me he olvidado de llamarlo!** (*ke mier-da me e ol-wi-da-do ja-mar-lo*; Was für ein Mist! Ich habe vergessen ihn anzurufen!)
  **¡Vete a la mierda!** (*be-te a la mier-da*; Verpiss dich! *Wörtlich*: Geh zur Scheiße!)
- **¡Joder!** (*cho-der*; Verdammt noch mal! *Wörtlich*: ficken)
  **¡Joder! ¡El tren ya ha salido!** (*cho-der el tren ja a ßa-li-do*; Verdammt noch mal! Der Zug ist schon abgefahren!)
- **idiota** (*i-dio-ta*; Idiot, Blödmann)
  **¡Qué idiotas sois!** (*ke i-dio-taß ßoiß*; Was für Idioten ihr doch seid!)
- **hijo de puta** (*i-cho de pu-ta*; Hurensohn)
  **¡Este hijo de puta me ha dañado el coche!** (*eß-te i-cho de pu-ta me a da-nja-do el ko-tsche*; Dieser Hurensohn hat mein Auto beschädigt!)
- **gilipollas** (*chi-li-po-jaß*; Vollidiot / Arschloch)
  **¡No te dejes engañar otra vez, gilipollas!** (*no te de-cheß en-ga-njar o-tra beth chi-li-po-jaß*; Lass dich doch nicht noch einmal hereinlegen, du Vollidiot!)
- **cabrón** (*ka-bron*; Arschloch! / Scheißkerl!)
  **¡No hables más con este cabrón!** (*no a-bleß maß kon eß-te ka-bron*; Red nicht mehr mit diesem Scheißkerl!)
- **¡Qué te den por culo!** (*ke te den por el ku-lo*; Leck mich am Arsch!)
  **No me has vuelto a llamar entonces ¡qué te den por culo!** (*no me aß buel-to a ja-mar en-ton-theß ke te den por el ku-lo*; Du hast mich nicht zurückgerufen, also leck mich am Arsch!)

# Sprachführer Spanisch für Dummies – Schummelseite

## Die wichtigsten Sätze und Redewendungen

- **¡Hola!** (*o-la*; Hallo!)
- **¡Buenos días!** (*bue-noß diaß*; Guten Morgen! Guten Tag!)
- **¡Buenas tardes!** (*bue-naß tar-deß*; Guten Tag! Guten Abend!)
- **¡Buenas noches!** (*bue-naß no-tscheß*; Gute Nacht!)
- **¿Cómo estás?** (*ko-mo eß-taß*; Wie geht es dir?)
- **¿Cómo está?** (*ko-mo eß-ta*; Wie geht es Ihnen?)
- **Muy bien.** (*mui bien*; Sehr gut.)
- **¿Y tú?/¿Y usted?** (*i tu/i uß-ted*; Und dir? Und Ihnen?)
- **Me llamo ...** (*me ja-mo*; Ich heiße ...)
- **Mucho gusto.** (*mu-tscho guß-to*; Sehr erfreut.)
- **disculpe** (*diß-kul-pe*; entschuldigen Sie)
- **¿Dónde está ...?** (*don-de eß-ta*; Wo ist ...?)
- **Me gusta ...** (*me guß-ta*; Mir gefällt ...)
- **perdón** (*per-don*; Verzeihung)
- **gracias** (*gra-thiaß*; danke)
- **por favor** (*por fa-wor*; bitte)
- **de nada** (*de na-da*; gern geschehen)
- **¡Hasta luego!** (*aß-ta lue-go*; Bis bald!)

## Fragewörter

- **¿ Quién?** (*kien*; Wer?)
- **¿ Qué?** (*ke*; Was?)
- **¿ Dónde?** (*don-de*; Wo?)
- **¿ Cuándo?** (*kuan-do*; Wann?)
- **¿ Cuánto?** (*kuan-to*; Wieviel?)
- **¿ Por qué?** (*por ke*; Warum?)
- **¿ Cómo?** (*ko-mo*; Wie?)
- **¿ Cuál?** (*kual*; Welche/r/s?)

## Wörter für den Notfall

- **¡Socorro!** (*ßo-ko-rro*; Hilfe!)
- **¡Policía!** (*po-li-thia*; Polizei!)
- **¡Al ladrón!** (*al la-dron*; Haltet den Dieb!)
- **¡Una emergencia!** (*u-na e-mer-chen-thia*; Ein Notfall!)
- **¡Llame a un médico!** (*ja-me a un me-di-ko*; Rufen Sie einen Arzt!)
- **¡Cuidado!** (*kui-da-do*; Vorsicht!)

## *Über die Autorinnen*

**Susana Wald** ist Übersetzerin und Dolmetscherin unter anderem für Spanisch. Sie hat viele Jahre in Chile und Kanada als Lehrerin gearbeitet.

**Deike Uhlig** arbeitet als Übersetzerin und Sprachlehrerin für Spanisch, Italienisch und Deutsch als Fremdsprache. Ihre große Leidenschaft für fremde Menschen und Kulturen wurde während eines einjährigen Aufenthalts in Ecuador geweckt. Seitdem engagiert sie sich für die Rechte von Migranten und unterstützt Integrationsprojekte. Deike Uhlig studierte Kulturwissenschaften, Spanisch und Italienisch in Leipzig. Sie lebt mit Ihrem Mann und Ihrer Tochter in Zürich.

# *Inhaltsverzeichnis*

Über die Autorinnen 5

***Einleitung*** ***17***

Über dieses Buch 17
Konventionen in diesem Buch 18
Törichte Annahmen über den Leser 18
Symbole, die in diesem Buch verwendet werden 19
Wie es weitergeht 20

***Kapitel 1***
***Spanisch für Anfänger*** ***21***

Was Sie schon können 21
Spanische Wörter im Deutschen 22
Falsche Freunde 22
Das Alphabet auf Spanisch 23
Die Aussprache 24
Vokale 24
Diphthonge und Co 25
Konsonanten 26
Konsonantenverbindungen 33
Betonung und Akzente 34
Akzente setzen 35
¿Was ist das? Satzzeichen mal anders! 36
Redewendungen für Auskenner 36

***Kapitel 2***
***Spanische Grammatik kurz gefasst*** ***37***

Einfache Sätze bilden 37
Fragen stellen 38
Regelmäßige und unregelmäßige Verben 40
Spanische Personalpronomen 41
Versteckte Subjekte 42
Regelmäßige Verben 42
Unregelmäßige Verben 45
Die Zukunft 48

Prädikat – was nun? 49
Zwei Vergangenheiten 49
Die spanischen Geschlechter: Artikel und Substantive 51
Die bestimmten und unbestimmten Artikel 51
Singular und Plural 53
Adjektive 53
Du und Sie – Höflichkeit in Spanien 54
Deins und Meins – Possessivpronomen auf Spanisch 56

***Kapitel 3***
***Zahlen, Zeit und Zaster*** ***59***

Zahlen – wenn alles zählt 59
Eines nach dem anderen: Die Ordnungszahlen 61
Zeit Zeit Zeit 62
Stunden- und minutengenau planen 62
Zu spät, zu früh oder pünktlich kommen 64
Von Montag bis Sonntag 65
Von Januar bis Dezember 67
Geld in all seinen Formen 69
Am Geldautomaten 71
Mit der Kreditkarte bezahlen 73
Reiseschecks 74

***Kapitel 4***
***¡Buenos días! Spanier kennenlernen*** ***75***

Guten Tag! 75
Das Verb »llamarse« 78
Sich vorstellen 78
Sei, wie du bist – zweimal »sein« 79
Die Konjugation von »ser« 80
Die Konjugation von »estar« 82
Über das Reden reden: Das Verb »hablar« 84
Arbeiten: Das Verb »trabajar« 86
Ich verstehe: Das Verb »entender« 88
Leben oder wohnen: Das Verb »vivir« 89

Entschuldigung – wie bitte? 90
Fragen Sie! Wer, wie, was, warum ... 90
Akzente in Fragen setzen 92
Alles über das Wetter 94
Wie geht es Ihrer Familie? 97

**Kapitel 5**
**Essen und trinken ¡Buen Provecho! 99**

Essen und trinken auf Spanisch 99
Drei Verben, die Sie bei Tisch verwenden 101
Nehmen und trinken: Das Verb »tomar« 101
Trinken mit dem Verb »beber« 102
Essen mit dem Verb »comer« 102
Im Restaurant 103
Einen Tisch reservieren 103
Die Speisekarte 103
Bekommen, was Sie wollen: Das Verb »querer« 104
Getränke bestellen 105
Essen bestellen 107
Zahlen, bitte! 109
Die Speisen Spaniens 110
¡Tapas! Die Überlebensliste 113
Die kulinarischen Köstlichkeiten Lateinamerikas 115

**Kapitel 6**
**Einkaufen leicht gemacht 117**

Einkaufen – die Grundlagen 117
Etwas anprobieren: Das Verb »probar« 120
Nach der Farbe und der Größe fragen 121
Kleidung für dich und mich 123
Von Baumwolle bis Polyester 124
Für den Einkauf: Das Verb »comprar« 125
Tragen und mitnehmen: Das Verb »llevar« 126
Vergleiche: Gut, besser, am besten und mehr 127
Weitere Steigerungen: super-, duper- ... 128

Auf dem mercado (Markt) einkaufen 129
Obst und Gemüse einkaufen 130
Fisch und Meeresfrüchte einkaufen 132
Menge und Gewicht – wie viel Sie kaufen wollen 133
Im supermercado 134
Wahre Fundgruben: Was Sie erstehen können 135
Auf Schnäppchenjagd 136
Kunsthandwerk einkaufen 137

***Kapitel 7***
***Freizeit und Freunde*** ***139***

Land und Leute richtig kennenlernen 139
Jemanden einladen: Das Verb »invitar« 140
Tanzen gehen: Das Verb »bailar« 141
Kulturelle Veranstaltungen 142
Ein Konzert in der Stadt 143
Im Kino 144
Ein Besuch im Theater 145
Auf in den Kampf, Torero 146
Erholung in der Natur 147
Einen Spaziergang machen 147
Tiere aller Art kennenlernen 148
Sport in Spanien 150
Fußball und andere Ballspiele 150
Spielen: Das Verb jugar 152
Im und auf dem Wasser 153

***Kapitel 8***
***Arbeit und Beruf*** ***155***

Büros und andere Gebäude 155
Auf der Arbeit 156
Einen Job bekommen 157
Das Meeting 160
Jemanden beschäftigen: Das Verb »emplear« 162
Tun und machen: Das Verb »hacer« 163

Das mobile Büro 164
Die Verbindung herstellen 165
Das Telefongespräch 167
Am Telefon nur Bahnhof verstehen 169

***Kapitel 9***
***Unterwegs sein: Mit Flugzeug, Zug, Bus oder Auto 171***

Über den Wolken 171
Mit dem Zug unterwegs 175
Mit dem Taxi zu Ihrem Ziel 177
Mit dem Bus fahren 178
Mit dem Auto unterwegs 179
Fahrplanfragen: Zu spät, zu früh oder pünktlich kommen 183
In Bewegung sein: Verben für die Fortbewegung 184
Gehen oder fahren: Das Verb »ir« 184
Hinausgehen, ausgehen und abfahren: Das Verb »salir« 185
Das Verb, das Sie hochbringt: »subir« 186
Runter geht's: Das Verb »bajar« 187
Kommen und ankommen: Die Verben »venir« und »llegar« 187
Warten und hoffen: Das Verb »esperar« 188
¿Dónde está? – Nach dem Weg fragen 189
Wegbeschreibungen 191
Sagen, wo etwas ist 193
»Cerca« und »lejos«: Wie weit Sie gehen sollten 195
Eine Reise buchen und stornieren 196

***Kapitel 10***
***In Hotel und Pension 199***

Eine passende Unterkunft finden 199
Ein Zimmer reservieren 201
Im Hotel einchecken 204
Das Registrierungsformular 206

Schlafen Sie gut mit dem Verb »dormir« 208
Wenn Sie aufwachen wollen: Das Verb »despertar« 209
Weitsicht oder Straßenlärm? 211
Eine Wohnung oder ein Haus mieten 211
Bei der Wohnungsvermittlung 213
Auf Annoncen reagieren 216
Mieten und vermieten: Das Verb »alquilar« 217

***Kapitel 11***
***Krankheiten und andere Notfälle*** ***219***

Um Hilfe rufen 219
Mir geht es gut! 220
Erster Anlaufpunkt – die Apotheke 221
Wenn Sie einen Arzt brauchen 222
Spezielle Hilfe 223
Wenn Hilfe gebraucht wird: Das Verb »ayudar« 224
Wenn Sie etwas suchen: Das Verb »buscar« 225
Wenn es schmerzt: Das Verb »doler« 226
Sagen, wo es wehtut 227
Mit dem Arzt reden 229
Beim Zahnarzt 232
Und wer bezahlt? 233
Wenn Sie juristische Hilfe brauchen 234
Haltet den Dieb! 236
Anzeige erstatten 237
Probleme mit dem Auto 238

***Kapitel 12***
***Typische spanische Redewendungen*** ***241***

¡Vamos de tapas! 241
¡Buen provecho! 241
¿Verdad? 241
¡No me tomes el pelo! 242
¡Claro que sí! 242
¡A comer! 243

¡Qué guay! 243
¡Salud! 243
¿Qué pasó? 243
A ver 244

***Kapitel 13***
***Falsche Freunde – die besten Versprecher auf Spanisch 245***
Casar oder: Gejagte Frauen 245
Planchar oder: Wo machen Sie Ihre Hausarbeit? 245
Raquetas oder: Was jagen Sie in die Luft? 246
Fallar oder: Wenn man stürzt 246
Una Cola oder: Die Geschmäcker sind verschieden 247
La rata oder: Ungewöhnliche Zahlungsmethoden 247
Fracturas oder: Manche Dinge kann man nicht versenden! 247
Caliente oder: Wer oder was ist hier heiß? 248
Las faltas oder: Die etwas andere Schönheitspflege 248
Cansado oder: Warum gehen verheiratete Männer nicht ins Kino? 249

***Stichwortverzeichnis 251***

The 5th Wave    By Rich Tennant

*»Ja ich weiß, das ist ein sehr beliebter Ausspruch.*
*Aber man sollte zu einer Nonne nie »Hasta la vista, baby« sagen.«*

# Einleitung

Jede Sprache bringt uns anderen Menschen und einer anderen Kultur näher. Je mehr Spanisch Sie verstehen und sprechen, desto heimischer werden Sie sich in Spanien, in Lateinamerika oder einfach unter Spaniern fühlen. Nutzen Sie also die Chance, Ihren Horizont mit einer neuen Sprache zu erweitern.

Mit diesem Buch kommen Sie dem Ziel, sich auf Spanisch zu verständigen, einen großen Schritt näher – ganz gleich, ob Sie einfach nur Ihr Essen im Restaurant selbst bestellen, im Urlaub Small Talk führen oder Ihre spanischen Nachbarn grüßen wollen.

## Über dieses Buch

*Sprachführer Spanisch für Dummies* ist ein Buch für die Handtasche oder den Wanderrucksack. Kompakt finden Sie in diesem Buch alles, was Sie brauchen, um erfolgreich auf Spanisch zu kommunizieren. Wenn Sie noch nie Spanisch gelernt haben, lesen Sie am besten zunächst die ersten zwei Kapitel, um die Grundlagen der spanischen Sprache zu erlernen.

Mit Hilfe dieses Buches lernen Sie das Spanisch, das Sie in unterschiedlichen Lebenslagen wirklich brauchen, zum Beispiel im Urlaub, beim Einkauf oder in Notfällen – genau das richtige für Lernmuffel, die schon bald Spanisch reden können wollen.

Dieses Buch eignet sich auch als Nachschlagewerk: Lesen Sie einfach gleich die Kapitel, die Sie gerade interessieren.

Hinter allen spanischen Sätzen finden Sie eine Aussprachehilfe – so können Sie auch ohne Vorkenntnisse alle Wörter korrekt aussprechen.

## Konventionen in diesem Buch

*Sprachführer Spanisch für Dummies* bringt Ihnen übersichtlich die spanische Sprache näher. Hier eine kleine Anleitung:

- Spanische Sätze und Wörter sind im Buch immer **fett** markiert.
- Die Aussprache steht zusammen mit der deutschen Übersetzung in Klammern hinter jedem spanischen Ausdruck. Die betonten Silben sind dabei unterstrichen.

  Wortwörtliche Übersetzungen finden Sie immer dann zusätzlich, wenn diese helfen, die Struktur der spanischen Sprache zu verstehen.
- Die Kästen »Kleiner Wortschatz« geben Ihnen einen Überblick über das wichtigste Vokabular des vorangegangenen Abschnitts.
- Konjugationen der am häufigsten verwendeten Verben werden in jedem Kapitel in einer Tabelle dargestellt.

## Törichte Annahmen über den Leser

*Sprachführer Spanisch für Dummies* richtet sich an Sie – den Leser. Doch wer sind Sie eigentlich? Für dieses Buch haben wir einige Annahmen über Sie zusammengestellt:

- Sie wollen Spaß beim Lernen haben, nicht Stress.

- ✔ Sie können noch kein Spanisch – oder Sie können sich nicht mehr daran erinnern.
- ✔ Sie haben keine Lust auf lange Vokabellisten und Übungen, sondern wollen gleich Sätze für jede Lebenslage parat haben.
- ✔ Sie möchten demnächst nach Spanien oder Lateinamerika reisen und wollen dieses Mal nicht nur mit Händen und Füßen kommunizieren.
- ✔ Sie wollen endlich wissen, was sich hinter den leckeren Tapas beim Spanier verbirgt.

Wenn einer oder mehrere dieser Punkte auf Sie zutreffen, haben Sie das richtige Buch gefunden!

## Symbole, die in diesem Buch verwendet werden

Interessieren Sie sich besonders für kulturelle Hintergründe? Oder suchen Sie Hinweise auf sprachliche Besonderheiten? Im ganzen Buch werden die folgenden Symbole verwendet:

Mit diesem Symbol werden Tipps hervorgehoben. So erfahren Sie, wie Sie Spanisch leichter lernen können oder wie Sie am besten Ihre Zeit in Spanien verbringen.

Damit Sie nicht in Fettnäpfchen treten und sicher reisen, warnt Sie dieses Symbol vor sprachlichen und kulturellen Fallen.

Auf kulturelle Besonderheiten macht Sie dieses Symbol aufmerksam.

Wo dieses Symbol auftaucht, wird ein sprachlicher Aspekt des Spanischen, der besondere Aufmerksamkeit verdient, erklärt.

## Wie es weitergeht

Jetzt kann es losgehen! Blättern Sie einfach nach Lust und Laune in diesem Buch und lesen Sie dort weiter, wo es Ihnen am interessantesten erscheint. Wo auch immer Sie sind, ist dieses Buch schnell zur Hand und hilft Ihnen aus der Patsche – ob Sie nun den Bahnhof suchen oder einen Apfel auf dem Markt kaufen wollen. Viel Vergnügen mit der spanischen Sprache!

# *Spanisch für Anfänger* 1

*In diesem Kapitel*

✔ Wie viele Wörter auf Spanisch Sie schon kennen

✔ Etwas richtig sagen – die spanische Aussprache

✔ Mit einfachen Redewendungen beeindrucken

Spanisch ist eine romanische Sprache. Das heißt: Sie ist wie Französisch, Italienisch, Portugiesisch und Rumänisch sehr stark vom Latein der Römer geprägt worden. Romanische Sprachen ähneln sich deswegen – sowohl im Vokabular als auch in der Grammatik. Sprechen Sie erst einmal eine romanische Sprache, wird es Ihnen also deutlich leichter fallen, eine weitere zu verstehen.

Da die romanischen Sprachen zu großen Teilen vom Latein abstammen, werden sie manchmal auch als *lateinische Sprachen* bezeichnet. Dass sich nicht nur Lateinamerikaner, sondern auch einige Franzosen, Spanier und Italiener als **latinos** (*la-ti-noß*) vorstellen, hängt also vor allem mit den lateinischen Wurzeln ihrer Sprachen zusammen – und vielleicht auch mit dem guten Ruf des feurigen und romantischen Latin Lovers.

## *Was Sie schon können*

Wenn Sie Spanisch lernen wollen, sollten Sie erst einmal eine Gedenkminute für Caesar einlegen. Dadurch, dass Süddeutschland und Mitteldeutschland fast 500 Jahre lang von den Römern besetzt waren, gibt es auch im Deutschen viele Wörter lateinischen Ursprungs. So können Sie sich in vielen

Fällen das Pauken von Vokabeln sparen. Bei vielen anderen Wörtern gibt es eine gemeinsame griechische Herkunft.

Spanische Wörter, die Sie sicher schon verstehen, weil sie dieselben Wurzeln wie ihre deutschen Entsprechungen haben, sind zum Beispiel: **interesante** (*in-te-re-ßan-te*), **inteligente** (*in-te-li-chen-te*), **filosofía** (*fi-lo-ßo-fia*), **fotografía** (*fo-to-gra-fia*), **composición** (*kom-po-ßi-thion*), **internacional** (*in-ter-na-thio-nal*), **teléfono** (*te-le-fo-no*), **música** (*mu-ßi-ka*). Und ja, sie bedeuten genau das, was Sie denken. Unnötig, diese Vokabeln zu übersetzen.

### *Spanische Wörter im Deutschen*

Haben Sie vielleicht schon einmal Tanzstunden für **Tango** (*tang-go*), **Flamenco** (fla-*meng-ko*), **Salsa** (*ßal-ßa*) oder **Merengue** (*me-reng-ge*) genommen oder in einem spanischen Restaurant **tapas** (*ta-paß*), **paella** (*pa-e-ja*) oder **tortilla** (*tor-ti-ja*) bestellt?

Oder genießen Sie nach dem Mittagessen gelegentlich eine ausgedehnte **siesta** (*ßieß-ta*)?

Auch in den Schaufenstern von Modegeschäften findet man einige spanische Bezeichnungen. So können Sie zum Beispiel einen **bolero** (*bo-le-ro*) kaufen – ein taillenkurzes Jäckchen, das in Spanien ursprünglich nur von den Toreros getragen wurde. Oder einen lateinamerikanischen **poncho** (*pon-tscho*).

### *Falsche Freunde*

Kennen Sie das? Sie meinen, gerade einen freundlichen Satz in einer Fremdsprache gesagt zu haben und Ihr Gegenüber läuft rot an oder wird auf einmal sehr schweigsam?

Dann haben Sie mit hoher Wahrscheinlichkeit einen *falschen Freund* erwischt. Ihnen ist wahrscheinlich ein Wort über die Lippen gegangen, das sehr richtig klang, jedoch eine ganz andere Bedeutung hatte als erwartet.

Es lohnt sich, etwas über falsche Freunde zu wissen! Damit Sie gewappnet sind, hier einige Beispiele:

✔ **delicado** (*de-li-ka-do*; zart, empfindlich (*nicht:* delikat))

✔ **bravo** (*bra-wo*; mutig, tapfer, wild (*nicht:* brav))

✔ **carta** (*kar-ta*; Brief (*nicht:* Karte))

✔ **famoso** (*fa-mo-ßo*; berühmt (*nicht:* famos))

✔ **feria** (*fe-ria*; Jahrmarkt, Warenmesse (*nicht:* Ferien))

✔ **regalo** (*rre-ga-lo*; Geschenk (*nicht:* Regal))

## Das Alphabet auf Spanisch

In diesem Abschnitt lernen Sie die Aussprache der spanischen Konsonanten, Konsonantenverbindungen, Vokale und Vokalverbindungen kennen. Hinter allen spanischen Wörtern und Sätzen finden Sie in Klammern die jeweilige Aussprache, Lautumschrift genannt, und dahinter die Übersetzung. Zum Beispiel: **sí** (*ßi*; ja). Besteht ein Wort aus mehreren Silben, werden diese mit einem Bindestrich getrennt: **amor** (*a-mor*; Liebe). Die jeweils unterstrichene Silbe wird betont. Alles klar? Dann kann es ja losgehen!

Lernen Sie zunächst das spanische **alfabeto** (*al-fa-be-to*; Alphabet) kennen. Es wird in dieser Form – wie im Deutschen – nur zum Buchstabieren von Wörtern und Namen verwendet:

| | | | |
|---|---|---|---|
| **a** (*a*) | **b** (*be*) | **c** (*ße*) | **d** (*de*) |
| **e** (*e*) | **f** (*e-fe*) | **g** (*che*) | **h** (*a-tsche*) |
| **i** (*i*) | **j** (*cho-ta*) | **k** (*ka*) | **l** (*e-le*) |
| **m** (*e-me*) | **n** (*e-ne*) | **ñ** (*e-nje*) | **o** (*o*) |
| **p** (*pe*) | **q** (*ku*) | **r** (*e-rre*) | **s** (*e-ße*) |
| **t** (*te*) | **u** (*u*) | **v** (*u-we*) | **w** (*u-we do-ble*) |
| **x** (*e-kiß*) | **y** (*i grie-ga*) | **z** (*the-ta*) | |
| Doppelbuchstaben: | **rr** (*do-ble e-rre*) | **ll** (*e-lje*) | **ch** (*tsche*) |

## Die Aussprache

Zuerst die gute Nachricht: Die meisten spanischen Buchstaben werden genauso ausgesprochen wie die deutschen.

Das Spanische hat allerdings einige Buchstaben, die es im Deutschen gar nicht gibt, zum Beispiel das **ñ** oder das **ll**, das als eigenständiger Buchstabe gilt. Andere, wie das **r** oder das **v**, werden anders ausgesprochen, als es Ihnen aus dem Deutschen vertraut ist.

### Vokale

Im Spanischen gibt es wie im Deutschen die fünf Grundvokale **a**, **e**, **i**, **o** und **u**. Sie werden im Wesentlichen gleich ausgesprochen.

Beachten Sie, dass das spanische **o** in den meisten Fällen wie das **o** in »offen« (und nicht wie das **o** in »ohne«) klingt, das spanische **e** hingegen wie das **e** in »Kern« (und eher selten wie das **e** in »Elan«).

Üben Sie die Aussprache der Vokale **o** und **e** mit folgenden Wörtern:

- ✔ **cóndor** (*kon-dor*; Kondor; der Andenvogel, der durch das Lied »El cóndor pasa« berühmt geworden ist)
- ✔ **tres** (*treß*; drei)
- ✔ **seco** (*ße-ko*; trocken)
- ✔ **no** (no; nein)
- ✔ **coco** (*ko-ko*; Kokosnuss)

### *Diphthonge und Co*

Was genau ist denn ein Diphthong? Ein Doppellaut.

Ein Doppellaut besteht aus zwei aufeinander folgenden Vokalen, wie zum Beispiel **ai**. Anders als im Deutschen werden sie im Spanischen beide einzeln ausgesprochen. Beim **ie** in **sierra** (*ßie-rra*; Hochland) hört man also sowohl ein **i** als auch ein **e**.

Es gibt zwei Arten von Vokalverbindungen, die zu unterscheiden sind: die Verbindungen mit **i** oder **u** (Diphthonge) und die Verbindungen ohne **i** oder **u**.

Gibt es in der Verbindung zweier Vokale ein **i** oder ein **u**, wird dieses jeweils schwach gesprochen, das heißt, es ist weniger zu hören. So werden Sie bei dem Wort **bueno** (*bue-no*; gut) vor allem das **e** heraushören. Beide Vokale zusammen gelten als eine Silbe. Zwischen den beiden Vokalen sollte also keine Pause entstehen!

Bei allen anderen Vokalverbindungen, also in denen kein **i** und kein **u** vorkommt, werden beide Vokale gleichermaßen stark betont. Diese Art von Vokalverbindungen bilden dementsprechend zwei Silben!

Doppellaute mit einem schwach (**u** und **i**) und einem stark gesprochenen Vokal gibt es in folgenden Wörtern:

- ✔ **cuerpo** (*kuer-po*; Körper)
- ✔ **viernes** (*bier-neß*; Freitag)
- ✔ **cuando** (*kuan-do*; wann)
- ✔ **aceite** (*a-thei-te*; Öl)
- ✔ **miel** (*miel*; Honig)

Doppellaute mit zwei stark gesprochenen Vokalen finden Sie in:

- ✔ **feo** (*fe-o*; hässlich)
- ✔ **creer** (*kre-er*; glauben)
- ✔ **marea** (*ma-re-a*; Gezeiten)
- ✔ **correo** (*ko-rre-o*; Post)
- ✔ **meollo** (*me-o-jo*; Knochenmark)

Geben Sie besonders bei den Ihnen aus dem Deutschen vertrauten Verbindungen **ei**, **ie** und **au** auf eine spanische Aussprache acht.

#### *Konsonanten*

Viele spanische Konsonanten klingen genau so wie ihre deutschen Entsprechungen und sind daher einfach zu lernen. Dennoch gibt es einige Abweichungen: Die Konsonanten **b** und **d** klingen, in der Wortmitte verwendet, deutlich weicher als im Deutschen. Die Konsonanten **c** und **g** verändern ihre Aussprache je nachdem, welcher Vokal ihnen folgt.

Folgende Konsonanten werden im Spanischen anders ausgesprochen als im Deutschen: **c**, **g**, **h**, **j**, **ñ**, **q**, **r**, **s**, **b/v**, **y** und **z**. Dazu kommen die Konsonantenverbindungen **rr**, **ll** und **ch**.

Lernen Sie die Besonderheiten der spanischen Aussprache im Folgenden genauer kennen.

### *Der Buchstabe C*

Wie das **c** ausgesprochen wird, hängt vom folgenden Vokal ab. Lernen Sie das **c** in seinen Kombinationen kennen:

✔ **ca**, **co** und **cu** und **c** vor Konsonanten

Bei diesen Wörtern wird das **c** wie ein **k** ausgesprochen:

- **carne** (*kar-ne*; Fleisch)
- **cola** (*ko-la*; Schwanz, Leim)
- **cuba** (*ku-wa*; Fass, Kübel)
- **crema** (*kre-ma*; Creme, Sahne, Rahm)

✔ **ci** und **ce**

Vor einem **i** und vor einem **e** spricht sich das **c** wie ein englisches *th* aus. Sie hatten schon immer Probleme mit dem englischen *th*? Kein Problem. Dann versuchen Sie es einfach mit einem gelispelten »s«. In diesem Buch schreiben wir für das **c** vor **i** und **e** ein *th* in der Lautumschrift. Also merken Sie sich: entweder ein englisches *th* oder ein gelispeltes »s«. Zum Beispiel:

- **cena** (*the-na*; Abendessen)

- **ciudad** (*thiu-dad*; Stadt)
- **cine** (*thi-ne*; Kino)

Freuen Sie sich darauf, demnächst im spanischen Restaurant selbstbewusst und mit perfektem Akzent eine **cerveza** (*ther-we-tha*; Bier) zu bestellen!

In Teilen Lateinamerikas sowie in einigen südspanischen Regionen wird das **c** vor **e** und **i** wie ein scharfes **s** ausgesprochen, also: **ce** (*ße*) und **ci** (*ßi*).

#### *Der Buchstabe G*

Auch das **g** verändert seine Aussprache je nachdem, von welchem Vokal es gefolgt wird. Lernen Sie die Kombinationen:

✔ **go**, **ga** und **gu** und **g** vor Konsonanten

In dieser Kombination wird das **g** wie ein deutsches »g« ausgesprochen. Beispiele sind:

- **gol** (*gol*; Tor (im Fußball))
- **gato** (*ga-to*; Katze)
- **guapo** (gu*a-po*; hübsch, gut aussehend)
- **gracias** (*gra-thiaß*; danke)

✔ **ge** und **gi**

Das **g** klingt hier wie das *ch* in Bach. In unserer Lautumschrift wird es als *ch* geschrieben. Zum Beispiel:

- **gente** (*chen-te*; Leute)
- **gimnasio** (*chim-na-ßio*; Turnhalle (*nicht* Gymnasium!))

Um zu erreichen, dass ein **g** auch vor einem **e** und einem **i** wie ein deutsches »g« ausgesprochen wird, wird im Spanischen ein **u** eingeschoben. Achtung: In diesem Fall wird das eingeschobene **u** *nicht* mitgesprochen! Zum Beispiel:

- ✔ **guitarra** (*gi-ta-rra*; Gitarre)
- ✔ **guerrilla** (*ge-rri-ja*; Guerilla)

### *Der Buchstabe H*

Das spanische **h** ist immer stumm, auch am Wortanfang. Es entfällt in der Lautumschrift dieses Buches. Die »Stunde«, **hora** wird also schlicht *o-ra* gesprochen und klingt somit genauso wie der Ausruf **Ora!** (*o-ra*; Bete!) Der Unterschied ist in diesem Fall aus dem Kontext zu erschließen.

### *Der Buchstabe J*

Dieser Buchstabe spricht sich ebenfalls wie das deutsche *ch* in Bach. Hier sind einige Beispiele:

- ✔ **junio** (*chu-nio*; Juni)
- ✔ **jefe** (*che-fe*; Chef, Leiter)
- ✔ **José** (*cho-ße*; José (ein spanischer Name, der dem deutschen Josef entspricht))
- ✔ **jaleo** (*cha-le-o*; Durcheinander, Krawall, Streit oder auch ein andalusischer Volkstanz)

### *Der Buchstabe Ñ*

Das **ñ** besteht aus einem **n** und einer sogenannten Tilde, also einer Schlangenlinie: Es spricht sich wie ein eng miteinander verbundenes *nj*. Eine Entsprechung im Deutschen ist das **gn** in »Champagner«. Sehen Sie sich einige Beispiele an:

- ✔ **niño** (*ni-njo*; Kind)
- ✔ **mañana** (*ma-nja-na*; morgen)
- ✔ **caña** (*ka-nja*; Zuckerrohr, Schilf oder ein 0,2-l-Bier)

### Der Buchstabe Q

Das **q** kommt im Spanischen wie im Deutschen nur als **qu** vor. Im Spanischen wird es *k* (ohne *u*!) gesprochen. Sprechen Sie folgende Wörter aus:

- ✔ **querer** (*ke-rer*; mögen, lieben)
- ✔ **pequeño** (*pe-ke-njo*; klein)
- ✔ **tequila** (*te-ki-la*; Tequila, mexikanischer Agaven-Schnaps)

### Der Buchstabe R

Das spanische **r** ist ein gerolltes **r**. Es wird ganz vorne im Mund gesprochen, wobei die Zunge ein oder zwei Mal in der Nähe der oberen Schneidezähne vibriert. Da diese Art von **r** weder im Deutschen noch im Englischen vorkommt, gilt es als schwer erlernbar. Aber keine Sorge: Es ist erlernbar! Wenn Sie ein schnelles **lelelele** sprechen, bewegt sich die Zunge schon fast an der richtigen Stelle! Doch wie kommen Sie von dort zu Ihrem gerollten **r**?

Ein Trick, die korrekte Aussprache des **r** zu lernen, besteht darin, die Buchstabenkombination **t-d** schnell hintereinander zu wiederholen. Sowohl das **t** als auch das **d** werden weit vorne im Mund ausgesprochen – das Abwechseln der beiden Buchstaben führt zu einer leichten Bewegung der Zungenspitze im vorderen

Mund. Aus dem schnellen Wiederholen von zum Beispiel *t-da* kann so nach einiger Übung ein *tra* entstehen. Probieren Sie es aus! Ist das *tra* einmal geschafft, können Sie sich langsam zu anderen Kombinationen mit dem *r* vorwagen und das *t* dann weglassen.

Hier einige Wörter zum Üben. Am Wortanfang wird das **r** stärker gerollt als in der Wortmitte oder am Wortende:

- ✔ **traer** (*tra-er*; bringen, herholen)
- ✔ **radio** (*rra-dio*; Radio)
- ✔ **abril** (*a-bril*; April)
- ✔ **prado** (*pra-do*; Wiese)

**Prado** soll »Wiese« bedeuten? Ja! Dennoch: Die Verwunderung ist verständlich, ist doch das **Museo del Prado** in Madrid in der Tat mehr als ein »Wiesen-Museum«. Es ist schließlich eines der umfangreichsten und wichtigsten Kunstmuseen der Welt!

### *Der Buchstabe S*

Im Spanischen wird das **s** in der Regel wie ein scharfes *s*, also wie das deutsche »ß« ausgesprochen. Um Verwechslungen zu vermeiden und die Aussprache zu erleichtern, schreiben wir dieses spanische **s** in der Lautumschrift als *ß*. In den seltenen Fällen, in denen es weich (wie das *s* in Sonne) gesprochen wird, taucht es in der Lautumschrift als *s* auf:

- ✔ **casa** (*ka-ßa*; Haus)
- ✔ **sol** (*ßol*; Sonne)
- ✔ **mosquito** (*moß-ki-to*; Mücke)

- **desde** (*des-de*; seit)

### *Die Buchstaben B und V*

Im Spanischen haben **b** und **v** dieselbe Aussprache, die zwischen einem **b** und einem **w** schwankt. Am Wortanfang klingen beide Buchstaben eher wie das *b* in Baum. In der Mitte eines Wortes sind **v** und **b** dem deutschen »w« näher, insbesondere zwischen zwei Vokalen. In der Lautumschrift werden sie je nach ihrer Position also als *b* oder als *w* geschrieben. Denken Sie daran, das *w* mit einer leichten Tendenz zum *b* zu sprechen und andersherum. Hier ein paar Beispiele:

- **vino** (*bi-no*; Wein)
- **viernes** (*bier-neß*; Freitag)
- **grave** (*gra-we*; ernst, schwer)
- **mover** (*mo-wer*; bewegen)

### *Der Buchstabe Y*

Das **y** wird am Anfang eines Wortes und zwischen Vokalen wie das deutsche »j« ausgesprochen. Am Wortende hingegen klingt es eher wie ein *i*. Ein paar Beispiele hierzu:

- **yo** (*jo*; ich)
- **mayo** (*ma-jo*; Mai)
- **voy** (*boi*; ich gehe)

### *Der Buchstabe Z*

Das **z** spricht sich wie das **c** vor **i** und **e**, also wie ein englisches *th* beziehungsweise wie ein gelispeltes *s*. Es wird daher ebenfalls in der Lautumschrift als *th* geschrieben:

- **cabeza** (*ka-we-tha*; Kopf)
- **zapato** (*tha-pa-to*; Schuh)
- **cazar** (*ka-thar*; jagen)

Seien Sie besonders gründlich bei der Aussprache des Wortes **cazar** (*ka-thar*). Wenn Sie das **z** hier zu sehr wie ein *ß* aussprechen, klingt das Wort wie **casar** (*ka-ßar*) Spanisch für »verheiraten«! Das kann zu fatalen Missverständnissen führen.

### Konsonantenverbindungen

Doppelbuchstaben mit besonderer Aussprache sind im Spanischen: **ch** (*tsche*), **ll** (*lje*) und **rr** (gerolltes *r*).

#### Das ch

Dieser Doppelbuchstabe könnte Sie vielleicht am Anfang irritieren, da Sie ein deutsches »ch« erwarten. Im Spanischen wird das **ch** hingegen *tsch* ausgesprochen:

- **chico** (*tschi-ko*; Junge)
- **mucho** (*mu-tscho*; viel)
- **chuleta** (*tschu-le-ta*; Kotelett)

#### Das ll

Dieser Doppelkonsonant wird *lj* ausgesprochen, wobei das **l** und das **j** so dicht zusammen gesprochen werden, dass sie wie ein Buchstabe klingen. Sprechen Sie als Übung immer abwechselnd ein **l** und ein **j** in immer schnellerer Folge. Nach einiger Zeit pendelt sich dann ein Laut zwischen dem **l** und dem **j** ein. Da das **j** dem gewünschten Resultat etwas näher kommt als das **l**, wird in der Lautumschrift dieses Buches für das **ll** ein einfaches *j* geschrieben.

Vermeiden Sie allerdings, das **ll** durch ein einfaches **l** zu ersetzen – ein *j* klingt an dieser Stelle deutlich besser. Also besser *ma-jor-ka* als *ma-lor-ka* für die beliebte Ferieninsel im Mittelmeer!

Hier einige Beispiele für das **ll**:

- **hallar** (*a-jar*; finden)
- **llamar** (*ja-mar*; rufen)
- **calle** (*ca-je*; Straße)

### *Das rr*

Schon das einfache **r** enthält im Spanischen einen Schlag der Zungenspitze am Gaumen. Beim doppelten **rr** vibriert die Zunge im vorderen Gaumen gleich mehrmals hintereinander. In der Lautumschrift dieses Buches wird diese Konsonantenverbindung als *rr* geschrieben. Da das **rr** als ein Buchstabe gilt, wird es auch nicht in zwei Silben getrennt:

- **tierra** (*tie-rra*; Land, Erde)
- **perro** (*pe-rro*; Hund)
- **torre** (*to-rre*; Turm)

## Betonung und Akzente

In einem spanischen Wort wird immer genau eine Silbe betont. Die Regeln dazu sind denkbar einfach, denn es gibt nur zwei Möglichkeiten:

- Ist der letzte Buchstabe eines Wortes ein Vokal (**a**, **e**, **i**, **o**, **u**), ein **s** oder ein **n**, wird die vorletzte Silbe betont – egal, wie lang das Wort ist. Also:

- **casa** (*ka-ßa*; Haus)
- **casas** (*ka-ßaß*; Häuser)
- **castañuela** (*kaß-ta-njue-la*; Kastagnette (spanische Holzklapper, die zumeist beim Tanzen von Flamenco gespielt wird))

✔ Ist der letzte Buchstabe eines Wortes ein anderer als die oben genannten, wird die letzte Silbe des Wortes betont:

- **beber** (*be-wer*; trinken)
- **español** (*eß-pa-njol*; spanisch)
- **amistad** (*a-miß-tad*; Freundschaft)

### *Akzente setzen*

Manchmal soll ein Wort an einer anderen Stelle betont werden, als es die beiden Betonungsregeln vorsehen. In diesem Fall wird auf die zu betonende Silbe ein Akzent gesetzt. Damit man *kor-do-wa* statt *kor-do-wa* sagt, steht also auf dem ersten **o** der spanischen Stadt ein Akzent: **Córdoba**.

Ein Akzent wird im Spanischen auch gesetzt, um gleich aussehende Wörter mit unterschiedlichen Bedeutungen voneinander abzugrenzen:

✔ **el** (*el*; der) und **él** (*el*; er)

✔ **si** (*ßi*; wenn) und **sí** (*ßi*; ja)

✔ **que** (*ke*; dass) und **qué** (*ke*; was (als Fragewort))

## ¿Was ist das? Satzzeichen mal anders!

Sind Ihnen schon diese ungewohnten Satzzeichen ins Auge gesprungen? Zum Beispiel hier:

- ✔ **¿Cómo?** (*ko-mo*; Wie?)
- ✔ **¡Vamos!** (*ba-moß*; Gehen wir!)

Das umgedrehte Fragezeichen und das umgedrehte Ausrufezeichen gibt es nur im Spanischen. Sie sagen Ihnen schon, bevor Sie den ganzen Satz gelesen haben, ob es sich um eine Frage oder um einen Ausruf handelt. Das ist besonders hilfreich, wenn die Sätze sonst genau gleich sind:

- ✔ **¡Vamos a comer!** (*ba-moß a ko-mer*; Gehen wir essen!)
- ✔ **¿Vamos a comer?** (*ba-moß a ko-mer*; Gehen wir essen?)

Die umgekehrten Fragezeichen und Ausrufezeichen gibt es sogar in der Mitte von Sätzen. Zum Beispiel hier:

- ✔ **Está bien, ¿no?** (*eß-ta bien no*; Das ist gut, nicht?)

## Redewendungen für Auskenner

Wenn Sie noch einen Moment brauchen, um eine Antwort im Kopf zu formulieren, eignen sich folgende Sätze hervorragend, um Zeit zu schinden und Ihrem Gegenüber zusätzlich die Wirkung seiner Worte zu verdeutlichen:

- ✔ **¡Qué guay!** (*ke gu-ai*; Klasse! Super! Wie toll!)
- ✔ **¿De veras?** (*de be-raß*; Wirklich?)
- ✔ **¡No me digas!** (*no me di-gaß*; Sag bloß! *Wörtlich*: Sag mir nicht!)

# Spanische Grammatik kurz gefasst

# 2

***In diesem Kapitel***

- Einfache Sätze bilden und Fragen stellen
- Regelmäßige und unregelmäßige Verben verwenden
- Mit Personalpronomen umgehen
- Männliche und weibliche Artikel und Adjektive kennen
- Höflich oder persönlich sein (»du« und »Sie« im Spanischen)

Die wichtigsten Grundlagen der spanischen Grammatik sind in ihrem Ausmaß gut überschaubar und relativ leicht zu lernen. So gibt es zum Beispiel nur zwei Geschlechter: Femininum und Maskulinum.

Diese kurze Einführung gibt Ihnen ein paar Werkzeuge an die Hand, damit Sie eigene Sätze bilden können.

## Einfache Sätze bilden

Einen spanischen Satz zu bilden, ist ziemlich einfach. Wie im Deutschen besteht er aus einem Subjekt, einem Verb und eventuell weiteren Informationen. Die typische Satzstellung ist also: Subjekt – Verb – Ergänzung/Objekt. Hier ein Beispiel:

- **Marina come una ensalada.** (*ma-ri-na ko-me u-na en-ßa-la-da*; Marina isst einen Salat.)

**Marina** ist hier das Subjekt, **come** ist das Verb und **una ensalada** ist die hinzugefügte Information. Hier noch ein paar weitere Beispiele:

- ✔ **Carlos tiene un perro.** (*kar-loß tie-ne un pe-rro*; Carlos hat einen Hund.)
- ✔ **Mi madre compra una blusa.** (*mi ma-dre kom-pra u-na blu-ßa*; Meine Mutter kauft eine Bluse.)
- ✔ **Alina trabaja.** (*a-li-na tra-wa-cha*; Alina arbeitet.)

Wenn Sie einen Satz verneinen wollen, setzen Sie einfach ein **no** vor das Verb. Zwischen »nicht« und »kein« wird im Spanischen in der Regel nicht unterschieden. Sehen Sie sich einige Beispiele an:

- ✔ **Carolina *no* trabaja.** (*ka-ro-li-na no tra-wa-cha*; Carolina arbeitet *nicht*.)
- ✔ **Juan *no* tiene hambre.** (*chuan no tie-ne am-bre*; Juan hat *keinen* Hunger.)
- ✔ **Francisco *no* vive en Madrid.** (*fran-thiß-ko no bi-we en ma-drid*; Francisco lebt *nicht* in Madrid.)
- ✔ **Juana *no* come carne.** (*chua-na no ko-me kar-ne*; Juana isst *kein* Fleisch.)

## Fragen stellen

Auch bei Fragen entspricht die Satzstellung der deutschen. Sehen Sie sich zunächst die **Fragen mit Fragewörtern** an:

- ✔ **¿Qué es eso?** (*ke eß e-ßo*; Was ist das?)

Die Reihenfolge im Satz entspricht der deutschen: erst das Fragewort, dann das Verb, dann das Subjekt. Für die Antwort wird die Satzstellung umgedreht. Also: ***Eso es* una fruta.** (*e-ßo eß u-na fru-ta*; Das ist eine Frucht.) Hier weitere Fragen:

- ✔ **¿Dónde vive tu familia?** (*don-de bi-we tu fa-mi-lia*; Wo lebt deine Familie?)
- ✔ **¿Cómo es tu trabajo?** (*ko-mo eß tu tra-wa-cho*; Wie ist deine Arbeit?)
- ✔ **¿Cuándo viene Karin?** (*kuan-do bie-ne ka-rin*; Wann kommt Karin?)
- ✔ **¿Quién es ella?** (*kien eß e-ja*; Wer ist das? *Wörtlich*: Wer ist sie?)

Bei Fragen ohne Fragewörter, betonen Sie entweder einen normalen Aussagesatz wie eine Frage, ohne ihn zu verändern – das heißt, Ihre Stimme geht am Ende des Satzes leicht nach oben –, oder Sie stellen das Verb an den Anfang des Satzes. Fragesatz durch veränderte Betonung:

- ✔ **La casa es bonita.** (*la ka-ßa eß bo-ni-ta*; Das Haus ist schön.)
- ✔ **¿La casa es bonita?** (*la ka-ßa eß bo-ni-ta*; Das Haus ist schön?)

Fragesatz durch Umstellung:

- ✔ **La casa es bonita.** (*la ka-ßa eß bo-ni-ta*; Das Haus ist schön.)
- ✔ **¿Es bonita la casa?** (*eß bo-ni-ta la ka-ßa*; Ist das Haus schön? *Wörtlich*: Ist schön das Haus?)

Das Adjektiv – in diesem Fall **bonita** – steht im Fragesatz in der Regel vor dem Subjekt (**casa**). Objekte stehen, wie im Deutschen auch, im Fragesatz hinter dem Subjekt. Diese Art von Fragen können mit einem **sí** (*ßi*) oder einem **no** (*no*) beantwortet werden. Hier einige Fragen und mögliche Antworten.

- **¿Vive en Berlín tu familia?** (*bi-we en ber-lin tu fa-mi-lia*; Lebt deine Familie in Berlin?)

  **Sí, vive en Berlín.** (*ßi bi-we en ber-lin*; Ja, sie lebt in Berlin.)

- **¿Es interesante tu trabajo?** (*eß in-te-re-ßan-te tu tra-wa-cho*; Ist deine Arbeit interessant?)

  **No, mi trabajo no es interesante.** (*no mi tra-wa-cho no es in-te-re-ßan-te*; Nein, meine Arbeit ist nicht interessant.)

- **¿Karla es alemana?** (*kar-la eß a-le-ma-na*; Karla ist Deutsche?)

  **Sí, Karla es alemana.** (*ßi kar-la eß a-le-ma-na*; Ja, Karla ist Deutsche.)

- **¿Es fría la noche?** (*eß fria la no-tsche*; Ist die Nacht kalt?)

  **No, la noche no es fría.** (*no la no-tsche no eß fria*; Nein, die Nacht ist nicht kalt.)

## Regelmäßige und unregelmäßige Verben

Für jeden vollständigen Satz brauchen Sie ein Verb. Je nachdem, ob Sie über sich oder andere reden, steht das Verb in unterschiedlichen Formen – es wird konjugiert. Um Verben verwenden zu können, brauchen Sie zunächst die Personalpronomen. Zur Orientierung hier ein Überblick.

### *Spanische Personalpronomen*

Anders als im Deutschen ist bei den spanischen Personalpronomen im Plural eine Unterscheidung zwischen männlich und weiblich möglich. Wird ausschließlich über Frauen geredet, wird die feminine Form mit der Endung **-as** verwendet. Geht es hingegen um Männer und um Frauen, wird die maskuline Form mit der Endung **-os** benutzt. Die spanische Höflichkeitsform, die dem deutschen »Sie« entspricht, gibt es sowohl im Singular als auch im Plural.

Die Personalpronomen im Singular sind:

- ✔ **yo** (*jo*; ich)
- ✔ **tú** (*tu*; du)
- ✔ **él** (*el*; er)

  **ella** (*e-ja*; sie)
- ✔ **usted** (*uß-ted*; Sie)

Die Personalpronomen im Plural sind:

- ✔ **nosotros** (*no-ßo-troß*; wir)

  **nosotras** (*no-ßo-traß*; wir (nur Frauen))
- ✔ **vosotros** (*bo-ßo-troß*; ihr)

  **vosotras** (*bo-ßo-traß*; ihr (nur Frauen))

- **ellos** (*e-joß*; sie)

  **ellas** (*e-jaß*; sie (nur Frauen))
- **ustedes** (*uß-te-deß*; Sie)

### *Versteckte Subjekte*

In vielen Fällen werden die handelnden Personen im Satz einfach weggelassen! Wer die Handlung ausführt, wird dann aus der Endung des Verbs beziehungsweise aus dem Kontext geschlossen. Das ist natürlich sehr gemein für den Spanischlerner, der noch nicht alle Verbformen kennt und sich gerne an den explizit genannten Personen orientiert hätte.

Hier ein Beispiel für wegfallende Personalpronomen:

- **¿Qué hace Marcia? – Baila.** (*ke a-the mar-thia – bai-la*); Was macht Marcia? – (Sie tanzt.)

Da zuvor schon über Marcia gesprochen wurde, kann in der Antwort einfach nur das Verb (natürlich mit der entsprechenden Endung) stehen. Keine Sorge: Man gewöhnt sich schnell an diese sparsame Form der Satzbildung!

### *Regelmäßige Verben*

Ein regelmäßiges Verb besteht aus einem unveränderbaren Stamm und einer veränderbaren Endung. Spanische Verben in ihrer Grundform, also im Infinitiv, enden entweder auf **-ar**, **-er** oder **-ir**.

Hier als Beispiel das Verb **trabajar** (*tra-wa-char*; arbeiten):

Der unveränderbare Stamm ist **trabaj-**, die veränderbare Endung ist das -**ar**. Je nachdem, welche Person arbeitet und ob der Satz in der Vergangenheit, Gegenwart oder Zukunft steht, wird das **-ar** durch eine andere Endung ersetzt.

Sehen Sie sich die regelmäßige Konjugation von **trabajar** an. Wie **trabajar** werden alle regelmäßigen Verben auf **-ar** konjugiert:

| **Person (spanisch)** | **Person (deutsch)** | **Präsens (Gegenwart)** | **pretérito indefinido (abgeschlossene Vergangenheit)** | **pretérito perfecto (gegenwartsbezogene Vergangenheit)** | **Futur (Zukunft)** |
|---|---|---|---|---|---|
| yo | ich | trabaj**o** | trabaj**é** | **he** trabaj**ado** | trabaj**aré** |
| tú | du | trabaj**as** | trabaj**aste** | **has** trabaj**ado** | trabaj**arás** |
| el; ella; usted | er; sie; Sie (Singular) | trabaj**a** | trabaj**ó** | **ha** trabaj**ado** | trabaj**ará** |
| nosotros/as | wir (m./f.) | trabaj**amos** | trabaj**amos** | **hemos** trabaj**ado** | trabaj**aremos** |
| vosotros/as | ihr (m./f.) | trabaj**áis** | trabaj**ásteis** | **habéis** trabaj**ado** | trabaj**aréis** |
| ellos/as; ustedes | sie (m./f.); Sie (Plural) | trabaj**an** | trabaj**aron** | **han** trabaj**ado** | trabaj**arán** |

Wie **comer** (*ko-mer*; essen) werden alle regelmäßigen Verben auf -er konjugiert:

| **Person (spanisch)** | **Person (deutsch)** | **Präsens (Gegenwart)** | **pretérito indefinido (abgeschlossene Vergangenheit)** | **pretérito perfecto (gegenwartsbezogene Vergangenheit)** | **Futur (Zukunft)** |
|---|---|---|---|---|---|
| yo | ich | com**o** | com**í** | **he** com**ido** | com**eré** |
| tú | du | com**es** | com**iste** | **has** com**ido** | com**erás** |
| el; ella; usted | er; sie; Sie (Singular) | com**e** | com**ió** | **ha** com**ido** | com**erá** |
| nosotros/as | wir (m./f.) | com**emos** | com**imos** | **hemos** com**ido** | com**eremos** |
| vosotros/as | ihr (m./f.) | com**éis** | com**isteis** | **habéis** com**ido** | com**eréis** |
| ellos/as; ustedes | sie (m./f.); Sie (Plural) | com**en** | com**ieron** | **han** com**ido** | com**erán** |

Die regelmäßigen Verben auf -ir werden wie folgt konjugiert. Der Stamm des Verbs **vivir** (*bi-wir*; leben) ist viv-.

| **Person (spanisch)** | **Person (deutsch)** | **Präsens (Gegenwart)** | **pretérito indefinido (abgeschlossene Vergangenheit)** | **pretérito perfecto (gegenwartsbezogene Vergangenheit)** | **Futur (Zukunft)** |
|---|---|---|---|---|---|
| yo | ich | viv**o** | viv**í** | **he** viv**ido** | viv**iré** |
| tú | du | viv**es** | viv**iste** | **has** viv**ido** | viv**irás** |
| el; ella; usted | er; sie; Sie (Singular) | viv**e** | viv**ió** | **ha** viv**ido** | viv**irá** |
| nosotros/as | wir (m./f.) | viv**imos** | viv**imos** | **hemos** viv**ido** | viv**iremos** |
| vosotros/as | ihr (m./f.) | viv**ís** | viv**isteis** | **habéis** viv**ido** | viv**iréis** |
| ellos/as; ustedes | sie (m./f.); Sie (Plural) | viv**en** | viv**ieron** | **han** viv**ido** | viv**irán** |

Das Verb **llamarse** (*ja-mar-ße*; heißen) ist ein regelmäßiges reflexives Verb: *wörtlich* »sich rufen«. Die Reflexivpronomen sind fett markiert.

| **Person (spanisch)** | **Person (deutsch)** | **Präsens (Gegenwart)** | **pretérito indefinido (abgeschlossene Vergangenheit)** | **pretérito perfecto (gegenwartsbezogene Vergangenheit)** | **Futur (Zukunft)** |
|---|---|---|---|---|---|
| yo | ich | **me** llamo | **me** llamé | **me** he llamado | **me** llamaré |
| tú | du | **te** llamas | **te** llamaste | **te** has llamado | **te** llamaras |
| el; ella; usted | er; sie; Sie (Singular) | **se** llama | **se** llamó | **se** ha llamado | **se** llamará |
| nosotros/as | wir (m./f.) | **nos** llamamos | **nos** llamamos | **nos** hemos llamado | **nos** llamaremos |
| vosotros/as | ihr (m./f.) | **os** llamáis | **os** llamasteis | **os** habéis llamado | **os** llamaréis |
| ellos/as; ustedes | sie (m./f.); Sie (Plural) | **se** llaman | **se** llamaron | **se** han llamado | **se** llamarán |

### *Unregelmäßige Verben*

Unregelmäßige Verben haben zum einen andere Endungen als regelmäßige Verben, zum anderen können sie auch ihren Stamm ändern, so wie im Deutschen das Verb »sein« seinen Stamm in der Konjugation ändert, also »bin«, »bist«, »ist« ...

Das Verb **tener** (*te-ner*; haben) ändert seinen Stamm **ten-** manchmal in **tien-**, manchmal in **tuv-** und manchmal in **tend-**. Sehen Sie sich die Konjugation von **tener** an. Die unregelmäßigen Stellen sind fett markiert:

Tener

| Person (spanisch) | Person (deutsch) | Präsens (Gegenwart) | pretérito indefinido (abgeschlossene Vergangenheit) | pretérito perfecto (gegenwartsbezogene Vergangenheit) | Futur (Zukunft) |
|---|---|---|---|---|---|
| yo | ich | tengo | **tuve** | he tenido | **tend**ré |
| tú | du | **tie**nes | **tuv**iste | has tenido | **tend**rás |
| el; ella; usted | er; sie; Sie (Singular) | **tie**ne | **tuvo** | ha tenido | **tend**rá |
| nosotros/as | wir (m./f.) | tenemos | **tuv**imos | hemos tenido | **tend**rémos |
| vosotros/as | ihr (m./f.) | tenéis | **tuv**isteis | habéis tenido | **tend**réis |
| ellos/as; ustedes | sie (m./f.); Sie (Plural) | **tie**nen | **tuv**ieron | han tenido | **tend**rán |

Nicht alle unregelmäßigen Verben sind von Anfang bis Ende unregelmäßig. Es lohnt sich nach Regelmäßigkeiten Ausschau zu halten!

Wenn das Verb **tener** (*te-ner*; haben) mit der Konjunktion **que** (*ke*; dass) kombiniert wird, bedeutet es »müssen«. Sehen Sie sich dazu ein Beispiel an:

- **Tengo que trabajar.** (*teng-go ke tra-wa-char*; Ich muss arbeiten.)

Hier noch einige wichtige unregelmäßige Verben:

**Ser** (*ßer*; sein); gemeint ist ein relativ unveränderliches und andauerndes »sein«.

Ser



| Person (spanisch) | Person (deutsch) | Präsens (Gegenwart) | pretérito indefinido (abgeschlossene Vergangenheit) | pretérito perfecto (gegenwartsbezogene Vergangenheit) | Futur (Zukunft) |
|---|---|---|---|---|---|
| yo | ich | soy | fui | he sido | seré |
| tú | du | eres | fuiste | has sido | serás |
| el; ella; usted | er; sie; Sie (Singular) | es | fue | ha sido | será |
| nosotros/as | wir (m./f.) | somos | fuimos | hemos sido | seremos |
| vosotros/as | ihr (m./f.) | sois | fuisteis | habéis sido | seréis |
| ellos/as; ustedes | sie (m./f.); Sie (Plural) | son | fueron | han sido | serán |

**Estar** (*eß-tar*; sein); gemeint ist ein vorübergehender Zustand oder ein Befinden.

| Person (spanisch) | Person (deutsch) | Präsens (Gegenwart) | pretérito indefinido (abgeschlossene Vergangenheit) | pretérito perfecto (gegenwartsbezogene Vergangenheit) | Futur (Zukunft) |
|---|---|---|---|---|---|
| yo | ich | estoy | estuve | he estado | estaré |
| tú | du | estás | estuviste | has estado | estarás |
| el; ella; usted | er; sie; Sie (Singular) | está | estuvo | ha estado | estará |
| nosotros/as | wir (m./f.) | estamos | estuvimos | hemos estado | estaremos |
| vosotros/as | ihr (m./f.) | estáis | estuvisteis | habéis estado | estaréis |
| ellos/as; ustedes | sie (m./f.); Sie (Plural) | están | estuvieron | han estado | estarán |

**Ir** (*ir*; gehen); wird auch zur Bildung der nahen Zukunft verwendet.

| Person (spanisch) | Person (deutsch) | Präsens (Gegenwart) | pretérito indefinido (abgeschlossene Vergangenheit) | pretérito perfecto (gegenwartsbezogene Vergangenheit) | Futur (Zukunft) |
|---|---|---|---|---|---|
| yo | ich | voy | fui | he ido | iré |
| tú | du | vas | fuiste | has ido | irás |
| el; ella; usted | er; sie; Sie (Singular) | va | fue | ha ido | irá |
| nosotros/as | wir (m./f.) | vamos | fuimos | hemos ido | iremos |
| vosotros/as | ihr (m./f.) | vais | fuisteis | habéis ido | iréis |
| ellos/as; ustedes | sie (m./f.); Sie (Plural) | van | fueron | han ido | irán |

### Die Zukunft

Die Zukunft erkennen Sie an der Endung des Verbs:

- **Viviré en España.** (*bi-wi-re en eß-pa-nja*; Ich werde in Spanien leben. *Wörtlich*: Leben-werde in Spanien.)
- **Me ayudará.** (*me a-ju-da-ra*; Er/Sie wird mir helfen. *Wörtlich*: Mir helfen-wird.)
- **¿Trabajarás como ingeniero?** (*tra-wa-cha-raß ko-mo in-che-nie-ro*; Wirst du als Ingenieur arbeiten? *Wörtlich*: Arbeiten-wirst als Ingenieur?)

Die nähere Zukunft wird im Spanischen mit dem Verb **ir + a** ausgedrückt. So sagen Sie zum Beispiel:

- ***Voy a pintar* la casa.** (*boi a pin-tar la ka-ßa*; Ich werde das Haus streichen. *Wörtlich:* Gehe zu streichen das Haus.)

- ✔ ***Vamos a preparar* una comida riquísima.** (*ba-moß a prepa-rar u-na ko-mi-da rri-ki-ßi-ma*; Wir werden ein sehr leckeres Essen zubereiten. *Wörtlich:* Gehen zu zubereiten ein Essen sehr lecker.)
- ✔ **Mañana *va a llover.*** (*ma-nja-na ba a jo-wer*; Morgen wird es regnen. *Wörtlich:* Morgen (es) geht zu regnen.)

### *Prädikat – was nun?*

Im Deutschen kann man die Teile eines mehrteiligen Prädikats (zum Beispiel: **will gehen**) in einem Satz voneinander trennen: »Sara **will** nach Hause **gehen.**« Das ist im Spanischen nicht möglich. Ein Beispiel dazu:

- ✔ **Sara *quiere ir* a la casa.** (*ßa-ra kie-re ir a la ka-ßa*; Sara **will** nach Hause **gehen**, also wörtlich: Sara **will gehen** nach Hause.) Ebenso werden die beiden Bestandteile des **pretérito perfecto** nicht getrennt:
- ✔ **Sandra** *ha tomado* **una cerveza.** (*ßan-dra a to-mado u-na ther-we-tha*; Sandra **hat** ein Bier **getrunken**, wörtlich: Sandra **hat getrunken** ein Bier.)

### *Zwei Vergangenheiten*

Im Spanischen gibt es mehrere Möglichkeiten, die Vergangenheit auszudrücken:

Das **pretérito perfecto** (*pre-te-ri-to per-fek-to*), auch **perfecto** genannt, erinnert in seiner Form an das deutsche Perfekt. Hier ein Beispiel: **Hoy *he hablado* con mi padre.** (*oi e a-bla-do con mi pa-dre*; Heute **habe** ich mit meinem Vater **gesprochen**.) Es setzt sich aus einer Form des Verbs **haber** (entspricht »haben« und »sein« in ihrer Funktion bei der Bildung der Vergangenheit) und dem Partizip II des Vollverbs (zum Beispiel **hablar**, sprechen) zusammen. Das Partizip II ist sehr einfach zu bilden, wie Sie in der Tabelle unten sehen: Endet das regelmäßige Verb auf **-ir** oder **-er**, hängt man ein **-ido** an den Verbstamm, endet es auf **-ar**, ein **-ado**.

| Person | konjugierte Form des Verbs haber | Partizip II von hablar – sprechen |
|---|---|---|
| yo | he | habl**ado** |
| tú | has | habl**ado** |
| el/ella/usted | ha | habl**ado** |
| nosotros | hemos | habl**ado** |
| vosotros | habéis | habl**ado** |
| ellos/ustedes | han | habl**ado** |

Sie verwenden das **pretérito perfecto**, wenn Sie über die Vergangenheit reden und dabei den Bezug zur Gegenwart betonen möchten oder der Zeitpunkt der vergangenen Handlung nicht relevant ist. Diese Vergangenheitsform wird in Spanien sehr häufig verwendet. Hier ein Beispiel:

- **Hoy he comprado la casa.** (*oi e kom-pra-do la ka-ßa*; Heute habe ich das Haus gekauft.)

Das **pretérito indefinido** (*pre-te-ri-to in-de-fi-ni-do*), auch **pretérito** genannt, wählen Sie hingegen, wenn Sie über einmalige, abgeschlossene Ereignisse oder Handlungen in der Vergangenheit sprechen. Es wird deswegen manchmal auch *historisches Präteritum* genannt. Die Form erinnert an das deutsche Präteritum (zum Beispiel »suchte« oder »schlief«). Allerdings wird das spanische häufiger verwendet und kann deshalb nicht in allen Fällen mit dem Präteritum übersetzt werden. Ein Beispiel für das **pretérito** ist:

- ✔ **Ayer Sara habló con Pedro.** (*a-jer ßa-ra a-blo kon pe-dro*; Gestern sprach Sara mit Pedro./Gestern hat Sara mit Pedro gesprochen.)

Das **pretérito indefinido** setzt sich aus dem Verbstamm (bei **hablar**: **habl-**) und einer Endung zusammen. Wie das **pretérito indefinido** für **hablar** aussieht, sehen Sie in der Tabelle.

| **Person** | **Pretérito indefinido von hablar – sprechen** |
|---|---|
| yo | habl-é |
| tú | habl-aste |
| el/ella/usted | habl-ó |
| nosotros | habl-amos |
| vosotros | habl-asteis |
| ellos/ustedes | habl-aron |

## *Die spanischen Geschlechter: Artikel und Substantive*

Im Spanischen gibt es nur zwei grammatikalische Geschlechter: Femininum (weiblich) und Maskulinum (männlich).

### *Die bestimmten und unbestimmten Artikel*

Wie im Deutschen wird zwischen bestimmten und unbestimmten Artikeln unterschieden. Lernen Sie zunächst den bestimmten Artikel kennen:

| | Maskulinum | Femininum |
|---|---|---|
| **Singular** | el | la |
| **Plural** | los | las |

- **el hombre** (*el om-bre*; der Mann)
- **los hombres** (*loß om-breß*; die Männer)
- **la mujer** (*la mu-cher*; die Frau)
- **las mujeres** (*laß mu-che-reß*; die Frauen)

Der unbestimmte Artikel ist genauso einfach:

| | Maskulinum | Femininum |
|---|---|---|
| **Singular** | un | una |
| **Plural** | unos | unas |

Zum Beispiel:

- **un hombre** (*un om-bre*; ein Mann)
- **unos hombres** (*u-noß om-breß*; (einige) Männer)
- **una mujer** (*u-na mu-cher*; eine Frau)
- **unas mujeres** (*u-naß mu-che-reß*; (einige) Frauen)

Wenn von mehreren männlichen und weiblichen Personen gesprochen wird, verwendet man die männliche Form – auch wenn es sich um zehn Frauen und nur einen Mann handelt!

Viele Substantive, die im Deutschen feminin sind, sind im Spanischen maskulin und umgekehrt! »Die Sonne« ist **el sol** (*el ßol*), »der Mond« ist **la luna** (*la lu-na*). Ob ein spanisches Wort feminin oder maskulin ist, können Sie häufig an der Endung des Wortes erkennen. Die meisten Substantive auf -a sind weiblich, die meisten auf -o sind männlich.

*Singular und Plural*

Es gibt nur eine Pluralendung: das **-s**!

| **Singular** | **Plural** |
|---|---|
| el viaje – die Reise | los viaje**s** – die Reisen |
| la casa – das Haus | las casa**s** – die Häuser |
| un chico – ein Junge | unos chico**s** – (einige) Jungen |

Wenn das Wort auf einen Konsonant endet, wird aus klanglichen Gründen ein **-es** statt ein **-s** angefügt; **la amistad** (*la a-miß-tad*; die Freundschaft) – **las amistades** (*laß a-miß-ta-deß*); die Freundschaften).

## Adjektive

Ein Adjektiv beschreibt, wie etwas ist. Es steht im Spanischen – anders als im Deutschen – in der Regel hinter dem Wort, das es genauer beschreibt:

- ✔ **el amor *eterno*** (*el a-mor e-ter-no*; die **ewige** Liebe; *wörtlich*: die Liebe ewige)

Ist das Substantiv, das näher beschrieben wird, männlich, wird es von einem Adjektiv in der männlichen Form begleitet.

Dieses endet häufig auf **-o**, das feminine Pendant auf **-a**. Steht das Substantiv im Plural, endet das Adjektiv dementsprechend auf **-os** oder **-as**. Sehen Sie sich dazu folgende Beispiele an:

- **la blus*a* negr*a*** (*la blu-ßa ne-gra*; die schwarze Bluse)
- **las blus*as* negr*as*** (*laß blu-ßaß ne-graß*; die schwarzen Blusen)
- **el agujer*o* negr*o*** (*el a-gu-che-ro ne-gro*; das schwarze Loch)
- **los agujer*os* negr*os*** (*loß a-gu-che-roß ne-groß*); die schwarzen Löcher)

Achtung: Bei Adjektiven die auf -**e** oder auf einen Konsonanten enden – zum Beispiel **azul** (*a-thul*; blau) –, wird nicht zwischen männlich und weiblich unterschieden. Im Plural erhalten diese Adjektive ein **-s** beziehungsweise ein **-es** – zum Beispiel **azules**.

## Du und Sie – Höflichkeit in Spanien

Das **tú** (*tu*; du) wird im Spanischen häufiger verwendet als im Deutschen. Aber auch im Spanischen gibt es eine Höflichkeitsform. Sie wird vor allem gegenüber Respektspersonen und gegenüber älteren Menschen verwendet und drückt eine gewisse Distanz aus. Je nachdem, ob nur eine Person angesprochen wird oder mehrere, sagt man **usted** (*uß-ted*) oder **ustedes** (*uß-te-deß*).

Hier Beispiele für die Personalpronomen **usted** und **ustedes**:

- **¿Quiere usted comer?** (*kie-re uß-ted ko-mer*; Möchten Sie (Singular) essen?)

- **¿De dónde vien*en* ustedes?** (*de don-de bie-nen uß-te-deß*; Woher kommen Sie (Plural)?)
- **Perdone usted.** (*per-do-ne uß-ted*; Entschuldigen Sie (Singular).)

Möchten Sie jemanden mit »du«, ansprechen, sagen Sie in Spanien **tú**. Denken Sie dabei daran, dass **tú**, **usted** und **ustedes** *versteckte Pronomen* sein können. Das heißt, sie werden häufig nicht explizit genannt und sind nur an der Endung des Verbs erkennbar:

- **¿Qué com*es*?** (*ke ko-meß*; Was trinkst du?)
- **¿Cómo est*á*?** (*ko-mo eß-ta*; Wie geht es Ihnen (Singular)?)
- **Er*es* mi amigo.** (*e-reß mi a-mi-go*; Du bist mein Freund.)
- **¿Quier*en* comer?** (*kie-ren ko-mer*; Wollen Sie (Plural) essen?)
- **¿Habl*as* español?** (*a-blaß eß-pa-njol*; Sprichst du Spanisch?)

In Lateinamerika gelten andere Regeln: **Usted** und **ustedes** sind häufig nicht Ausdruck von Distanz, sondern von liebevollem Respekt. Sie werden in einigen Ländern Südamerikas sogar für die eigenen Eltern verwendet. Daneben gibt es Personalpronomen, die in Spanien nicht gebraucht werden. In Uruguay sagt man beispielsweise **vos** (boß) statt **tú** (tu).
Die spanische Form **vosotros** (*bo-ßo-troß*; ihr) ist in ganz Lateinamerika unbekannt und wird durch **ustedes** (*uß-te-deß*; in Lateinamerika: Sie; ihr) ersetzt.

## Deins und Meins – Possessivpronomen auf Spanisch

Um anzuzeigen, dass Sie etwas besitzen oder dass etwas zu Ihnen gehört, verwenden Sie im Spanischen, wie im Deutschen, Possessivpronomen.

Possessivpronomen sind zum Beispiel: **mi** (*mi*; mein), **tus** (*tuß*; deine) oder **nuestro** (*nueß-tro*; unser). Sie passen sich immer im Numerus (Singular, Plural) und manchmal auch im Geschlecht (männlich, weiblich) an die Sache an, die besessen wird.

In der folgenden Tabelle sehen Sie alle Varianten der spanischen Possessivpronomen, die vor dem Substantiv (das besessen wird) verwendet werden:

| Singularform | | Pluralform | |
|---|---|---|---|
| **mi** (amigo, amiga) | mein (Freund), meine (Freundin) | **mis** (amigos, amigas) | meine (Freunde, Freundinnen) |
| **tu** (amigo, amiga) | dein (Freund), deine (Freundin) | **tus** (amigos, amigas) | deine (Freunde, Freundinnen) |
| **su** (amigo, amiga) | sein (Freund), seine (Freundin) | **sus** (amigos, amigas) | seine (Freunde, Freundinnen) |
| **nuestro** (amigo), **nuestra** (amiga) | unser (Freund), unsere (Freundin) | **nuestros** (amigos), **nuestras** (amigas) | unsere (Freunde), unsere (Freundinnen) |
| **vuestro** (amigo), **vuestra** (amiga) | euer (Freund), eure (Freundin) | **vuestros** (amigos) **vuestras** (amigas) | eure (Freunde), eure (Freundinnen) |
| **su** (amigo, amiga) | ihr (Freund), ihre (Freundin) | **sus** (amigos, amigas) | ihre (Freunde, Freundinnen) |

Steht das »Besessene« im Singular, verwenden Sie eine der Singularformen, steht es im Plural, verwenden Sie eine der Pluralformen:

- **m*i* amig*o*** (»mein Freund« ist Singular)
- **m*is* amig*os*** (»meine Freunde« sind Plural)

Ist das »Besessene« weiblich, müssen Sie nur bei der 1. und 2. Person Plural – also bei »unser« und »euer« – achtgeben. Im Spanischen gibt es nämlich, anders als im Deutschen, eine männliche *und* eine weibliche Form:

- **nuestr*as* amig*as*** (»unsere Freundinnen« sind Plural und weiblich)
- **nuestr*os* amig*os*** (»unsere Freunde« sind Plural und männlich)
- **vuestr*as* amig*as*** (»eure Freundinnen« sind Plural und weiblich)
- **vuestr*os* amig*os*** (»eure Freunde« sind Plural und männlich)

So können Sie die Possessivpronomen verwenden:

- **Esta es mi casa** (*Singular*). (*eß-ta eß mi ka-ßa*; Das ist mein Haus.)
- **Tus llaves** (*Plural*) **están en la mesa.** (*tuß ja-weß eß-tan en la me-ßa*; Deine Schlüssel sind auf dem Tisch.)
- **Ella es nuestra amiga** (*Singular, weiblich*). (*e-ja eß nueß-tra a-mi-ga*; Sie ist unsere Freundin.)

- **Estas son mis maletas** (*Plural*). (*eß-taß ßon miß ma-le-taß*; Das sind meine Koffer.)
- **Vuestros pasaportes** (*Plural, männlich*) **están aquí.** (*bueß-troß pa-ßa-por-teß eß-tan a-ki*; Eure Pässe sind hier.)

# Zahlen, Zeit und Zaster 3

**In diesem Kapitel**

- ✔ Die Zahlen kennen
- ✔ Die Zeit angeben
- ✔ Geld zählen und zahlen

Auf jeder Reise müssen Sie mit Zahlen zurechtkommen. Hier lernen Sie Zahlen und Zeiten.

## Zahlen – wenn alles zählt

Schon wenn Sie in der Bäckerei drei Brötchen kaufen wollen, brauchen Sie **los números** (*loß nu-me-roß*; die Zahlen):

| | Spanisch | Aussprache | Deutsch |
|---|---|---|---|
| 1 | uno | *u-no* | eins |
| 2 | dos | *doß* | zwei |
| 3 | tres | *treß* | drei |
| 4 | cuatro | *kua-tro* | vier |
| 5 | cinco | *thing-ko* | fünf |
| 6 | seis | *ßeiß* | sechs |
| 7 | siete | *ßie-te* | sieben |
| 8 | ocho | *o-tscho* | acht |
| 9 | nueve | *nue-we* | neun |
| 10 | diez | *dieth* | zehn |

Und wie bestellen Sie nun drei belegte Brötchen? **Un bocadillo** ist »ein belegtes Brötchen«:

- **Tres bocadillos, por favor.** (*tres bo-ka-di-joß por fa-wor*; Drei belegte Brötchen, bitte.)

Wenn Sie Brötchen für eine Hochzeitsgesellschaft bestellen, brauchen Sie möglicherweise noch höhere Zahlen:

| **Spanisch** | **Aussprache** | **Übersetzung** |
|---|---|---|
| Once | *on-the* | 11 |
| Doce | *do-the* | 12 |
| trece | *tre-the* | 13 |
| catorce | *ka-tor-the* | 14 |
| quince | *kin-the* | 15 |
| dieciséis | *die-thi-ßeiß* | 16 |
| diecisiete | *die-thi-ßie-te* | 17 |
| dieciocho | *die-thi-o-tscho* | 18 |
| diecinueve | *die-thi-nue-we* | 19 |
| veinte | *bein-te* | 20 |
| veintiuno | *bein-ti-u-no* | 21 |
| veintidós | *bein-ti-doß* | 22 |
| veintitrés | *bein-ti-treß* | 23 |
| treinta y uno | *trein-ta i u-no* | 31 |
| treinta y dos | *trein-ta i doß* | 32 |
| treinta y tres | *trein-ta i treß* | 33 |
| cuarenta | *kua-ren-ta* | 40 |
| cuarenta y uno | *kua-ren-ta i u-no* | 41 |
| cincuenta | *thing-kuen-ta* | 50 |
| cincuenta y uno | *thing-kuen-ta i u-no* | 51 |

| Spanisch | Aussprache | Übersetzung |
|---|---|---|
| sesenta | *ße-ßen-ta* | 60 |
| sesenta y uno | *ße-ßen-ta i u-no* | 61 |
| setenta | *ße-ten-ta* | 70 |
| setenta y uno | *ße-ten-ta i u-no* | 71 |
| ochenta | *o-tschen-ta* | 80 |
| ochenta y uno | *o-tschen-ta i u-no* | 81 |
| noventa | *no-wen-ta* | 90 |
| noventa y uno | *no-wen-ta i u-no* | 91 |
| cien | *thien* | 100 |
| mil | *mil* | 1000 |

### Eines nach dem anderen: Die Ordnungszahlen

Gerade bei Wegbeschreibungen ist es wichtig, die richtige Reihenfolge zu kennen. Sollten Sie zuerst nach links oder zuerst nach rechts abbiegen? Und sollte es die zweite oder die dritte Abzweigung sein? Damit Sie nicht in Verwirrung geraten, lernen Sie im Folgenden die ersten zehn Ordnungszahlen kennen.

- ✔ **primero** (*pri-me-ro*; erste); vor Substantiven: **primer**
- ✔ **segundo** (*ße-gun-do*; zweite)
- ✔ **tercero** (*ter-the-ro*; dritte); vor Substantiven: **tercer**
- ✔ **cuarto** (*kuar-to*; vierte)
- ✔ **quinto** (*kin-to*; fünfte)
- ✔ **sexto** (*ßeß-to*; sechste)

- **séptimo** (*ßep-ti-mo*; siebte)
- **octavo** (*ok-ta-wo*; achte)
- **noveno** (*no-we-no*; neunte)
- **décimo** (*de-thi-mo*; zehnte)

Ordnungszahlen sind anpassungsfähig! Je nachdem, welches Substantiv folgt, ändern sie ihre Form. Ist das nachfolgende Substantiv weiblich, endet die Ordnungszahl auf **-a**; ist es hingegen männlich, endet sie auf **-o**. Steht das Substantiv im Plural, erhält auch die Ordnungszahl ein **-s**. Zum Beispiel: **Fueron mis primeros pasos.** (*fue-ron miß pri-me-roß pa-ßoß*; Es waren meine ersten Schritte.)

- **Vivo en el octavo piso.** (*bi-wo en el ok-ta-wo pi-ßo*; Ich wohne im achten Stock.)
- **En la tercera calle a la derecha hay un museo.** (*en la ter-the-ra ka-je a la de-re-tscha ai un mu-ße-o*; In der dritten Straße rechts gibt es ein Museum.)
- **Este es el cuarto cine que veo aquí.** (*eß-te eß el kuar-to thi-ne ke be-o a-ki*; Das ist das vierte Kino, das ich hier sehe.)
- **Fue mi primer amor.** (*fue mi pri-mer a-mor*; Er/Sie war meine erste Liebe.)

## Zeit Zeit Zeit

### Stunden- und minutengenau planen

Bei jeder Reise und bei jeder Verabredung spielt **la hora** (*la o-ra*; die Uhrzeit, die Stunde) eine wichtige Rolle. Lernen Sie hier die Zeitangaben kennen.

- **diez y veinte** (*dieth i bein-te*; *wörtlich:* zehn und zwanzig; 10.20 Uhr)
- **tres menos diez** (*treß me-noß dieth*; *wörtlich:* drei minus zehn; 2.50 Uhr)
- **cinco y cuarto** (*thing-ko i kuar-to*; *wörtlich:* fünf und Viertel; 5.15 Uhr)
- **ocho menos cuarto** (*o-tscho me-noß kuar-to*; *wörtlich:* acht minus Viertel; 7.45 Uhr)

Das Prinzip ist einfach: Von der vollen bis zur halben Stunde werden die Minuten mit **y** (*i*; und) addiert; von der halben bis zur vollen Stunde werden die Minuten mit **menos** (*me-noß*; weniger, minus) abgezogen.

Die halbe Stunde wird immer addiert:

- **dos y media** (*doß i me-dia*; *wörtlich:* zwei und halb; 2.30 Uhr)

Hier einige Varianten, die Zeit anzugeben:

- **a las seis de la mañana** (*a laß ßeiß de la ma-nja-na*; um sechs Uhr morgens; *wörtlich:* um sechs von dem Morgen)
- **a las seis de la tarde** (*a laß ßeiß de la tar-de*; um sechs Uhr abends; *wörtlich:* um sechs von dem Abend)
- **a la una de la noche** (*a la u-na de la no-tsche*; um ein Uhr nachts; *wörtlich:* um eins von der Nacht)
- **a mediodía** (*a me-dio-dia*; mittags)
- **a medianoche** (*a me-dia-no-tsche*; um Mitternacht)

Üben Sie die Uhrzeit mit den folgenden Sätzen:

- **Llega a las diez de la noche.** (*je-ga a laß dieth de la no-tsche*; Er/Sie kommt um zehn Uhr abends an.)
- **Son las tres y media.** (*ßon laß treß i me-dia*; Es ist (*wörtlich:* sind) halb vier.)
- **El tren sale a las siete y tres.** (*el tren ßa-le a laß ßie-te i treß*; Der Zug fährt um drei nach sieben ab.)
- **Está abierto de las diez de la mañana a las cinco de la tarde.** (*eß-ta a-wier-to de laß dieth de la ma-nja-na a laß thing-ko de la tar-de*; Es ist von zehn Uhr morgens bis fünf Uhr nachmittags geöffnet.)

So fragen Sie mit und nach der Zeit:

- **¿A qué hora nos encontramos?** (*a ke o-ra noß en-kon-tra-moß*; Um wie viel Uhr treffen wir uns?)
- **¿Qué hora es?** (*ke o-ra eß*; Wie spät ist es? *wörtlich*: Welche Uhrzeit ist?)
- **¿Cuándo comienza el concierto?** (*kuan-do ko-mien-tha el kon-thier-to*; Wann fängt das Konzert an?)
- **¿A qué hora llegamos?** (*a ke o-ra je-ga-moß*; Um wie viel Uhr kommen wir an?)

### *Zu spät, zu früh oder pünktlich kommen*

Wenn Sie reisen, interessiert Sie wahrscheinlich, ob Ihre Verkehrsmittel pünktlich sind. Folgende Vokabeln helfen Ihnen, danach zu fragen:

- **puntual** (*pun-tual*; pünktlich)

- **a la hora** (*a la o-ra*; pünktlich, rechtzeitig)
- **adelantado** (*a-de-lan-ta-do*; zu früh)
- **atrasado** (*a-tra-ßa-do*; zu spät, verspätet)

Und so werden sie verwendet:

- **¿Estamos puntuales?** (*eß-ta-moß pun-tua-les*; Sind wir pünktlich?)
- **Llega a la hora.** (*je-ga a la o-ra*; Er kommt pünktlich/ rechtzeitig an.)
- **El tren está atrasado.** (*el tren eß-ta a-tra-ßa-do*; Der Zug ist verspätet.)
- **Estoy atrasado; ya son las dos.** (*eß-toi a-tra-ßa-do ja ßon laß doß*; Ich bin zu spät; es ist schon um zwei.)
- **Tengo que darme prisa.** (*teng-go ke dar-me pri-ßa*; Ich muss mich beeilen.
- **Perdone el retraso.** (*per-do-ne el rre-tra-ßo*; Entschuldigen Sie die Verspätung.)

### *Von Montag bis Sonntag*

Egal ob es um **el horario de apertura** (*el o-ra-rio de a-per-tu-ra*; die Öffnungszeiten) eines Museums geht oder um eine **cita** (*thi-ta*; Verabredung) – die spanischen **días de la semana** (*diaß de la ße-ma-na*; Wochentage) sollten Sie kennen:

- **lunes** (*lu-neß*; Montag)
- **martes** (*mar-teß*; Dienstag)
- **miércoles** (*mier-ko-leß*; Mittwoch)

- **jueves** (*chue-weß*; Donnerstag)
- **viernes** (*bier-neß*; Freitag)
- **sábado** (*ßa-wa-do*; Samstag)
- **domingo** (*do-ming-go*; Sonntag)

Üben Sie die Wochentage mit folgenden Sätzen:

- **La clase va a ser el martes.** (*la kla-ße ba a ßer el mar-teß*; Der Unterricht wird am Dienstag sein.)
- **No puedo ir hasta el miércoles.** (*no pue-do ir aß-ta el mier-ko-leß*; Vor Mittwoch kann ich nicht gehen. *Wörtlich*: Nicht (ich) kann gehen bis der Mittwoch.)
- **Va a llegar el viernes.** (*ba a je-gar el bier-neß*; Er/Sie/Es wird am Freitag kommen.)
- **Nos vemos el domingo por la tarde.** (*noß be-moß el do-ming-go por la tar-de*; Wir sehen uns Sonntagnachmittag.)

So verabreden Sie sich mit jemandem zu einer Veranstaltung:

- **la semana próxima** (*la ße-ma-na pro-kßi-ma*; nächste Woche)
- **el fin de semana** (*el fin de ße-ma-na*; das Wochenende; *wörtlich*: das Ende der Woche)
- **por la mañana** (*por la ma-nja-na*; morgens)
- **por la tarde** (*por la tar-de*; nachmittags, abends)
- **mañana** (*ma-nja-na*; morgen)

Haben Sie die Verabredung verpasst, könnten Sie diese Vokabeln verwenden:

✔ **ayer** (*a-jer*; gestern)

✔ **la semana pasada** (*la ße-ma-na pa-ßa-da*; letzte Woche; *wörtlich*: die vergangene Woche)

Üben Sie mit diesen Sätzen:

✔ **Es tarde. Ya son las ocho.** (*eß tar-de ja ßon laß o-tscho*; Es ist spät. Es ist schon um acht.)

✔ **¿Tienes tiempo esta semana?** (*tie-neß tiem-po eß-ta ße-ma-na*; Hast du diese Woche Zeit?)

✔ **Sí, tengo mucho tiempo. ¿Qué hacemos?** (*ßi teng-go mu-tscho tiem-po ke a-the-moß*; Ja. Ich habe viel Zeit. Was machen wir?)

✔ **Me voy al cine este lunes. ¿Vienes conmigo?** (*me boi al thi-ne eß-te lu-neß bie-neß kon-mi-go*; Ich gehe diesen Montag ins Kino. Kommst du mit?)

✔ **La semana próxima podemos vernos.** (*la ße-ma-na pro-kßi-ma po-de-moß ber-noß*; Nächste Woche können wir uns sehen.)

### *Von Januar bis Dezember*

Ob Sie im März oder im August nach Spanien reisen, macht nicht nur in Bezug auf **el tiempo** (*el tiem-po*; das Wetter) einen großen Unterschied. Im Hochsommer herrscht in den Küstenorten Hochbetrieb. Im März wiederum haben noch nicht alle Hotels und Campingplätze geöffnet. Für eine gute Reiseplanung sollten Sie die Monate auf Spanisch kennen:

- **enero** (*e-ne-ro*; Januar)
- **febrero** (*fe-bre-ro*; Februar)
- **marzo** (*mar-tho*; März)
- **abril** (*a-bril*; April)
- **mayo** (*ma-jo*; Mai)
- **junio** (*chu-nio*; Juni)
- **julio** (*chu-lio*; Juli)
- **agosto** (*a-goß-to*; August)
- **septiembre** (*ßep-tiem-bre*; September)
- **octubre** (*ok-tu-bre*; Oktober)
- **noviembre** (*no-wiem-bre*; November)
- **diciembre** (*di-thiem-bre*; Dezember)

Das sind die Jahreszeiten:

- **la primavera** (*la pri-ma-we-ra*; der Frühling)
- **el verano** (*el be-ra-no*; der Sommer)
- **el otoño** (*el o-to-njo*; der Herbst)
- **el invierno** (*el in-bier-no*; der Winter)

Üben Sie die Monate und Jahreszeiten mit folgenden Sätzen:

- **Estamos abiertos de marzo a octubre.** (*eß-ta-moß a-wier-toß de mar-tho a ok-tu-bre*; Wir haben von März bis Oktober geöffnet. *Wörtlich:* (Wir) sind offen von März bis Oktober.)

- **El viaje comienza el tres de agosto.** (*el bia-che ko-mien-tha el treß de a-goß-to*; Die Reise fängt am dritten August an.)

Ort vor Zeit! In einem spanischen Satz steht der Ort in der Regel vor der Zeit. Ausnahme: wenn etwas besonders betont werden soll.

- **En julio viajamos a Galicia por dos semanas.** (*en chu-lio bia-cha-moß a ga-li-thia por doß ße-ma-naß*; Im Juli reisen wir für zwei Wochen nach Galizien.)
- **Vuelvo de España en abril.** (*buel-wo de eß-pa-nja en a-bril*; Ich komme im April aus Spanien zurück.)

## Geld in all seinen Formen

Lernen Sie die verschiedenen Bezeichnungen für Geld kennen:

- **el dinero** (*el di-ne-ro*; das Geld)
- **el dinero en efectivo** (*el di-ne-ro en e-fek-ti-wo*; das Bargeld)
- **el billete** (*el bi-je-te*; der Geldschein)
- **las monedas** (*laß mo-ne-daß*; die Münzen, die Währungen)
- **la tarjeta** (*la tar-che-ta*; die Karte, die Bankkarte)
- **la tarjeta de débito** (*la tar-che-ta de de-wi-to*; die EC-Karte)
- **la tarjeta de crédito** (*la tar-che-ta de kre-di-to*; die Kreditkarte)

- **el dinero suelto** (*el di-ne-ro ßuel-to*; das Kleingeld; *wörtlich*: loses Geld)
- **la propina** (*la pro-pi-na*; das Trinkgeld)
- **el cambio** (*el kam-bio*; das Wechselgeld)
- **la pasta** (*la paß-ta*; die Pinke (Geld; *wörtlich*: die Teigwaren))

In Lateinamerika gibt es einige abweichende Bezeichnungen. Das Geld ist hier **la plata** (*la pla-ta*), also wörtlich »das Silber«. Das Wechselgeld ist **el vuelto** (*el buel-to*) statt **el cambio**. Das Kleingeld bezeichnet man oft als **suelto** (*ßuel-to*).

Wenden Sie die neu gelernten Begriffe gleich einmal an:

- **¿Tienes monedas?** (*tie-neß mo-ne-daß*; Hast du Münzen?)
- **¿Tiene una moneda de cincuenta céntimos?** (*tie-ne u-na mo-ne-da de thing-kuen-ta then-ti-moß*; Haben Sie eine Fünfzig-Cent-Münze?)
- **Necesitan dos monedas de diez céntimos.** (*ne-the-ßi-tan doß mo-ne-daß de dieth then-ti-moß*; Sie brauchen zwei Zehn-Cent-Münzen.)
- **Hemos pagado con dos billetes de diez euros.** (*e-moß pa-ga-do kon doß bi-je-teß de dieth eu-roß*; Wir haben mit zwei Zehn-Euro-Scheinen bezahlt.)
- **Tienes que pagar tú la pasta. No tengo pasta.** (*tie-neß ke pa-gar tu la paß-ta no teng-go paß-ta*; Du musst die Pasta bezahlen. Ich habe keine Pinke.)

Wenn Ihnen eine Verkäuferin in Spanien den Preis Ihres Einkaufs nennt, hört sich das so an:

- ✔ **veinticuatro euros** (*bein-ti-kua-tro eu-roß*; 24 €, *wörtlich*: zwanzig-vier Euro)
- ✔ **tres con cinquenta** (*treß kon thing-kuen-ta*; 3,50 €, *wörtlich*: drei mit fünfzig)

### Kleiner Wortschatz

| Spanisch | Aussprache | Deutsch |
|---|---|---|
| el euro | *el eu-ro* | der Euro |
| el céntimo | *el then-ti-mo* | der Cent |
| un billete de 20 euros | *un bi-je-te de bein-te eu-roß* | ein 20-Euro-Schein |
| una moneda de 50 céntimos | *u-na mo-ne-da de thing-kuen-ta then-ti-moß* | eine 50-Cent-Münze |
| la cuenta | *la kuen-ta* | das Konto, die Rechnung |

### *Am Geldautomaten*

Im Ausland heben Sie am einfachsten Geld direkt am **cajero automático** (*ka-che-ro au-to-ma-ti-ko*; Geldautomat) ab. So finden Sie den nächsten Geldautomaten:

- ✔ **¿Dónde hay un cajero automático?** (*don-de ai un ka-che-ro au-to-ma-ti-ko*; Wo gibt es einen Geldautomaten?)
- ✔ **Busco un cajero automático del banco XY.** (*buß-ko un ka-che-ro au-to-ma-ti-ko del bang-ko xy*; Ich suche einen Geldautomaten der Bank XY.)

- **¿Hay un banco xy cerca de aquí?** (*ai un bang-ko xy ther-ka de a-ki*; Gibt es eine xy Bank hier in der Nähe?)

Bei allen neueren Geldautomaten in Spanien können Sie die Sprache auswählen, darunter immer Englisch und inzwischen auch sehr häufig Deutsch. Diese spanischen Sätze erscheinen auf dem Geldautomaten:

- **Introduzca su tarjeta por favor.** (*in-tro-duth-ka ßu tar-che-ta por fa-wor*; Bitte führen Sie Ihre Karte ein.)
- **Por favor teclee su número confidencial.** (*por fa-wor tek-le-e ßu nu-me-ro kon-fi-den-thial*; Bitte geben Sie (*wörtlich*: tippen Sie) Ihre Geheimzahl ein.)
- **Retiro de efectivo** (*rre-ti-ro de e-fek-ti-wo*; Bargeldbezug)
- **Consulta de saldo** (*kon-ßul-ta de ßal-do*; Kontostand)
- **Por favor retire su dinero.** (*por fa-wor rre-ti-re ßu di-ne-ro*; Bitte entnehmen Sie Ihr Geld.)
- **Por favor retire su tarjeta y su recibo.** (*por fa-wor rre-ti-re ßu tar-che-ta i ßu rre-thi-wo*; Bitte entnehmen Sie Ihre Karte und Ihren Beleg.)

Wenn am Geldautomaten nicht alles so funktioniert, wie es soll, können Sie sich wie folgt an den Herrn oder die Dame am Bankschalter wenden:

- **El cajero automático no funciona.** (*el ka-che-ro au-to-ma-ti-ko no fun-thio-na*; Der Geldautomat funktioniert nicht.)
- **Quiero retirar 200 euros de mi cuenta.** (*kie-ro rre-ti-rar doß thien-toß eu-roß de mi kuen-ta*; Ich möchte 200 Euro von meinem Konto abheben.)

- **Mi tarjeta no funciona.** (*mi tar-che-ta no fun-thio-na*; Meine Karte funktioniert nicht.)

Wichtig sind folgende zwei Wörter, die Sie auf den Tasten des Geldautomaten finden: **continuar** (*kon-ti-nuar*) bedeutet »fortfahren«, **cancelar** (*kan-the-lar*) »abbrechen«.

### *Kleiner Wortschatz*

| Spanisch | Aussprache | Deutsch |
|---|---|---|
| el banco | *el bang-ko* | die Bank |
| introducir | *in-tro-du-thir* | einführen |
| teclear | *te-kle-ar* | tippen |
| retirar | *rre-ti-rar* | abheben, abholen |
| funcionar | *fun-thio-nar* | funktionieren |
| el cajero automático | *el ka-che-ro au-to-ma-ti-ko* | der Geldautomat |
| cerca de aquí | *ther-ka de a-ki* | hier in der Nähe |

#### *Mit der Kreditkarte bezahlen*

Auch wenn man in Spanien normalerweise mit einer **tarjeta de débito** (*tar-che-ta de de-wi-to*; EC-Karte) hervorragend auskommt, möchten Sie vielleicht lieber mit **tarjeta de crédito** (*tar-che-ta de kre-di-to*; Kreditkarte) bezahlen. Dafür brauchen Sie folgende Sätze:

- **¿Aceptan tarjetas de crédito?** (*a-thep-tan tar-che-taß de kre-di-to*; Nehmen Sie Kreditkarten? (*Wörtlich:* Akzeptieren Sie Kreditkarten?))

- **Aquí tiene mi tarjeta.** (*a-ki tie-ne mi tar-che-ta*; Hier haben Sie meine Karte.)

- **Firme aquí, por favor.** (*fir-me a-ki por fa-wor*; Unterschreiben Sie bitte hier.)

Damit Sie in kleineren Läden und in touristisch weniger erschlossenen Regionen einkaufen können, sollten Sie auch immer Kleingeld bei sich tragen.

### *Reiseschecks*

Wenn Sie in Lateinamerika reisen, möchten Sie vielleicht auch **cheques de viajero** (*tsche-keß de bia-che-ro*; Reiseschecks) verwenden. In Lateinamerika sind vor allem Reiseschecks in US-Dollar bekannt. Diese sollten Sie ein paar Wochen vor der Reise bei Ihrer Bank bestellen.

Diese Sätze helfen Ihnen, wenn Sie Reiseschecks einlösen wollen:

- **Quiero cambiar estos cheques de viajero.** (*kie-ro kambiar eß-toß tsche-keß de bia-che-ro*; Ich möchte diese Reiseschecks einlösen (*wörtlich:* wechseln).)
- **Sus documentos por favor.** (*ßuß do-ku-men-toß por fawor*; Ihren Ausweis bitte.
- **Mi pasaporte.** (*mi pa-ßa-por-te*; Mein Reisepass.)
- **Ahora puede firmar sus cheques.** (*a-o-ra pue-de fir-mar ßuß tsche-keß*; Jetzt können Sie Ihre Schecks unterschreiben.)

# ¡Buenos días! Spanier kennenlernen

# 4

*In diesem Kapitel*

- ✔ Sich vorstellen
- ✔ Zweimal sein: Die Verben »ser« und »estar« verwenden
- ✔ Mit einfachen Fragen beginnen
- ✔ Über das Wetter, die Arbeit und die Familie reden

Lernen Sie in diesem Kapitel, wie Sie sich auf Spanisch begrüßen, einfach ins Gespräch kommen und eine kleine Konversation führen.

## Guten Tag!

Der erste Teil der Begrüßung in Spanien ist nonverbal. Männer geben sich die Hand, Frauen werden (nur angedeutet!) auf beide Wangen geküsst. Für den zweiten Teil müssen Sie die Tageszeiten kennen: **¡Buenos días!** (*bue-noß diaß*; Guten Tag!) sagt man von morgens bis ungefähr 13 Uhr. Dann heißt es bis etwa 21 Uhr **¡Buenas tardes!** (*bue-naß tar-deß*; Guten Abend!). Erst danach, häufig nach dem Abendessen, begrüßt man sich mit **¡Buenas noches!** (*bue-naß no-tscheß*; Gute Nacht!). Wenn Ihnen das alles zu kompliziert ist, können Sie zu jeder Tageszeit auch auf **hola** (*o-la*; hallo) ausweichen. So begrüßt man sich vor allem unter Freunden und jungen Leuten. So könnte ein formelles Kennenlernen aussehen:

- ✔ **Herr Kendall: Buenas tardes señor Ramírez. Me llamo Kendall.** (*bue-naß tar-deß ße-njor rra-mi-reth me ja-mo ken-dall*; Guten Abend Herr Ramírez. Ich heiße Kendall.)

- **Herr Ramírez: Mucho gusto.** (*mu-tscho guß-to*; Sehr erfreut.)
- **Herr Kendall: Quisiera presentarle el señor Fernando Martínez.** (*ki-ßie-ra pre-ßen-tar-le el ße-njor fer-nan-do mar-ti-neth*; Ich möchte Ihnen gerne Herrn Fernando Martínez vorstellen.)
- **Herr Ramírez: Buenas tardes, señor Martínez. Encantado de conocerlo.** (*bue-naß tar-deß ße-njor mar-ti-neth en-kan-ta-do de ko-no-ther-lo*; Guten Abend Herr Martínez. Schön Sie kennenzulernen.)

So könnte ein informelles Kennenlernen aussehen:

- **Pablo: ¡Hola! ¿Cómo te llamas?** (*o-la ko-mo te ja-maß*; Hallo! Wie heißt du?)
- **Julia: Me llamo Julia. ¿Y tú?** (*me ja-mo chu-lia i tu*; Ich heiße Julia und du?)
- **Pablo: Yo me llamo Pablo.** (*jo me ja-mo pa-blo*; Ich heiße Pablo.)

## Kleiner Wortschatz

| Spanisch | Aussprache | Deutsch |
|---|---|---|
| llamarse | *ja-mar-ße* | heißen |
| me llamo | *me ja-mo* | ich heiße |
| presentar | *pre-ßen-tar* | vorstellen |
| mucho gusto | *mu-tscho guß-to* | sehr erfreut (*wörtlich*: viel Gefallen) |

So begrüßen sich Herr Rivera und Frau Salinas:

- **Frau Salinas: Buenos días, Sr. Rivera. ¿Cómo está?** (*bue-noß diaß ße-njor rri-we-ra ko-mo eß-ta*; Guten Tag, Herr Rivera. Wie geht es Ihnen?)
- **Herr Rivera: Muy bien. ¿Y usted?** (*mui bien i uß-ted*; Sehr gut. Und Ihnen?)
- **Frau Salinas: Bien, gracias.** (*bien gra-thiaß*; Gut, danke.)

Pablo und Julia begrüßen sich hingegen so:

- **Pablo: ¡Buenos días!** (*bue-noß diaß*; Guten Tag!)
- **Julia: Ah, ¡hola Pablo! ¿Qué tal?** (*a o-la pa-blo ke tal*; Ah, hallo Pablo! Wie geht's?)
- **Pablo: Bien. ¿Y tú?** (*bien i tu*; Gut. Und dir?)
- **Julia: Muy bien.** (*mui bien*; Sehr gut.)

### Kleiner Wortschatz

| Spanisch | Aussprache | Deutsch |
|---|---|---|
| ¿Cómo estás? | *ko-mo eß-taß* | Wie geht es dir? |
| ¿Cómo está? | *ko-mo eß-ta* | Wie geht es Ihnen? |
| ¿Qué tal? | *ke tal* | Wie geht's? |
| Estoy bien. | *eß-toi bien* | Mir geht es gut. |
| muy bien | *mui bien* | sehr gut |
| mal | *mal* | schlecht |
| más o menos | *maß o me-noß* | es geht so (*wörtlich*: mehr oder weniger) |

## Das Verb »llamarse«

Das Verb **llamarse** (*ja-mar-ße*) bedeutet »heißen«. **¿Cómo te llamas?** (*ko-mo te ja-maß*; Wie heißt du?) wird vermutlich eine der ersten Fragen sein, die Sie auf Spanisch hören.

**Llamar-se** ist ein reflexives Verb, d.h. es wird immer zusammen mit einem Reflexivpronomen verwendet: »sich heißen«. Abgesehen von den Pronomen verhält sich ein reflexives Verb wie alle anderen Verben. Die Konjugation von **llamarse** ist regelmäßig:

| Konjugation | Aussprache |
|---|---|
| yo **me** llam**o** | *jo me ja-mo* |
| tú **te** llam**as** | *tu te ja-mas* |
| él, ella, usted **se** llam**a** | *el, e-ja, uß-ted ße ja-ma* |
| nosotros **nos** llam**amos** | *no-ßo-troß noß ja-ma-moß* |
| vosotros **os** llam**áis** | *bo-ßo-troß oß ja-maiß* |
| ellos, ustedes **se** llam**an** | *e-joß, uß-te-deß ße ja-man* |

## Sich vorstellen

Wenn Sie sich selbst höflich vorstellen wollen, nennen Sie am besten Ihren vollständigen Namen:

- **Mi nombre es Susanne Salter.** (*mi nom-bre eß su-san-ne sal-ter*; Mein Name ist Susanne Salter.)
- **Y ¿cómo se llama usted?** (*i ko-mo se ja-ma uß-ted*; Und wie heißen Sie?)

In weniger formellen Situationen sagen Sie eher:

- ✔ **Me llamo Sara.** (*me ja-mo ßa-ra*; Ich heiße Sara.)
- ✔ **Soy Francisco.** (*ßoi fran-thiß-ko*; Ich bin Francisco.)

Wenn Ihr Gegenüber daraufhin nicht unaufgefordert seinen eigenen Namen sagt, können Sie ihn so danach fragen:

- ✔ **Y tú, ¿cómo te llamas?** (*i tu ko-mo te ja-maß*; Und du, wie heißt du?)

## *Sei, wie du bist – zweimal »sein«*

Im Spanischen gibt es zwei Verben für »sein«. Das Verb **ser** (*ßer*) und das Verb **estar** (*eß-tar*).

**Ser** drückt ein andauerndes, kaum veränderbares »sein« aus, das sich oft auf einen größeren Abschnitt des Lebens oder sogar auf das ganze Leben bezieht.

Als unveränderlich gelten immer: das Geschlecht, das Aussehen, der Charakter, die Nationalität, die Herkunft und der Beruf. Also:

- ✔ **Soy una mujer.** (*ßoi u-na mu-cher*; Ich bin eine Frau.)
- ✔ **Soy austríaco.** (*ßoi auß-tria-ko*; Ich bin Österreicher.)
- ✔ **Soy de Berlín.** (*ßoi de ber-lin*; Ich bin aus Berlin.)
- ✔ **Usted es muy alto.** (*uß-ted eß mui al-to*; Sie sind sehr groß.)
- ✔ **¿Vosotros sois españoles?** (*bo-ßo-troß ßoiß eß-pa-njo-leß*; Seid ihr Spanier?)
- ✔ **Eres muy gentil.** (*e-reß mui chen-til*; Du bist sehr freundlich.)

- **Eres bella.** (*e-reß be-ja*; Du bist schön.)

**Estar** (*eß-tar*; sein) drückt im Gegensatz zu **ser** eine (veränderbare) Bewertung, ein Befinden oder einen Zustand aus. Fragen und Antworten zum Befinden werden also grundsätzlich mit **estar** ausgedrückt.

- **¿Cómo estás?** (*ko-mo eß-taß*; Wie geht es dir? *Wörtlich*: Wie bist du?)
- **¿Cómo está tu madre?** (*ko-mo eß-ta tu ma-dre*; Wie geht es deiner Mutter?)
- **Estoy bien.** (*eß-toi bien*; Mir geht es gut.)
- **Pedro está enfermo.** (*pe-dro eß-ta en-fer-mo*; Pedro ist krank.)

**Estar** wird außerdem verwendet, um auszudrücken, wo sich etwas oder jemand befindet:

- **Estoy en Madrid.** (*eß-toi en ma-drid*; Ich bin/befinde mich in Madrid.)
- **La comida está en la mesa.** (*la ko-mi-da eß-ta en la me-ßa*; Das Essen ist/befindet sich auf dem Tisch.)

### Die Konjugation von »ser«

Das spanische Verb **ser** ist wie das deutsche »sein« ein unregelmäßiges Verb. Sehen Sie sich die Verbformen in der Gegenwart an:

| Konjugation | Aussprache |
|---|---|
| yo soy | *jo ßoi* |
| tú eres | *tu e-reß* |
| él, ella, usted es | *el, e-ja, uß-ted eß* |
| nosotros somos | *no-ßo-troß ßo-moß* |
| vosotros sois | *bo-ßo-troß ßoiß* |
| ellos, ustedes son | *e-joß, uß-te-deß ßon* |

Mit dem Verb **ser** können Sie über den Ort reden, aus dem Sie stammen:

- **Roberto: ¿Y usted, de qué ciudad es?** (*i uß-ted de ke thiu-dad eß*; Und Sie, aus welcher Stadt sind Sie?)
- **Susi: Soy de Zurigo.** (*ßoi de zu-ri-go*; Ich bin aus Zürich.)
- **Roberto: ¿Es esa una ciudad grande?** (*Eß e-ßa u-na thiu-dad gran-de*; Ist das eine große Stadt?)
- **Susi: No es muy grande, pero es la ciudad más grande de Suiza.** (*no eß mui gran-de pe-ro eß la thiu-dad maß gran-de de ßui-tha*; Sie ist nicht sehr groß, aber es ist die größte Stadt der Schweiz.)

### Kleiner Wortschatz

| Spanisch | Aussprache | Deutsch |
|---|---|---|
| pequeño | *pe-ke-njo* | klein (maskulin) |
| pequeña | *pe-ke-nja* | klein (feminin) |
| grande | *gran-de* | groß |
| más grande | *maß gran-de* | größer |

So reden Sie mit **ser** über die Qualität eines Hotels:

- **Esperanza: ¿Es bueno el hotel Paraíso?** (*eß bue-no el o-tel pa-rai-ßo*; Ist das Hotel Paraíso gut?)
- **Esteban: Sí, es un buen hotel.** (*ßi eß un buen o-tel*; Ja, es ist ein gutes Hotel.)
- **Esperanza: ¿Es caro?** (*eß ka-ro*; Ist es teuer?)
- **Esteban: Es un poco caro.** (*eß un po-ko ka-ro*; Es ist etwas teuer.)
- **Esperanza: ¿Es grande?** (*eß gran-de*; Ist es groß?)
- **Esteban: No, no es muy grande.** (*no no eß mui gran-de*; Nein, es ist nicht sehr groß.)

### Kleiner Wortschatz

| Spanisch | Aussprache | Deutsch |
|---|---|---|
| buen/bueno | *buen/bue-no* | gut (maskulin) |
| buena | *bue-na* | gut (feminin) |
| caro/a | *ka-ro/a* | teuer |
| poco/a | *po-ko/a* | wenig |
| un poco | un *po-ko* | ein bisschen, etwas |

### Die Konjugation von »estar«

**Estar** ist wie **ser** ein unregelmäßiges Verb. Dennoch gibt es einige regelmäßige Endungen. Sehen Sie sich hier die Konjugation von **estar** an.

| Konjugation | Aussprache |
| --- | --- |
| yo estoy | *jo eß-toi* |
| tú estás | *tu eß-taß* |
| él, ella, usted está | *el, e-ja, uß-ted eß-ta* |
| nosotros estamos | *no-ßo-troß eß-ta-moß* |
| vosotros estáis | *bo-ßo-troß eß-taiß* |
| ellos, ustedes están | *e-joß, uß-te-deß eß-tan* |

Hier geht es um das vorübergehende »sein« – **estar**:

- ✔ **Guillermo: ¿Cómo están ustedes?** (*ko-mo eß-tan uß-te-deß*; Wie geht es Ihnen?)
- ✔ **Sra. Valdés: Estamos muy bien, gracias.** (*eß-ta-moß mui bien gra-thiaß*; Uns geht es sehr gut, danke.)
- ✔ **Guillermo: ¿Están contentos?** (*eß-tan kon-ten-toß*; Sind Sie zufrieden?)
- ✔ **Sra. Valdés: Estamos muy felices.** (*eß-ta-moß mui fe-li-theß*; Wir sind sehr glücklich.)

Hier ein weiterer Dialog mit **estar**:

- ✔ **Renata: ¿Está libre este baño?** (*eß-ta li-bre eß-te ba-njo*; Ist diese Toilette (*wörtlich*: Bad) frei?
- ✔ **Elena: No, está ocupado.** (*no eß-ta o-ku-pa-do*; Nein, sie ist besetzt.)
- ✔ **Renata: ¿Está libre el otro baño?** (*eß-ta li-bre el o-tro ba-njo*; Ist die andere Toilette frei?)
- ✔ **Elena: Sí, está libre.** (*ßi eß-ta li-bre*; Ja, die ist frei.)

### Kleiner Wortschatz

| Spanisch | Aussprache | Deutsch |
|---|---|---|
| contento/a | *kon-ten-to/a* | zufrieden |
| libre | *li-bre* | frei |
| ocupado/a | *o-ku-pa-do/a* | besetzt, beschäftigt |
| este | *eß-te* | dieser, diese, dieses |
| otro/a | *o-tro/a* | der, die, das andere |

## Über das Reden reden: Das Verb »hablar«

Spätestens wenn Sie Ihr Gegenüber über Ihre Sprachkenntnisse aufklären wollen, brauchen Sie das Verb **hablar** (*ab-lar*), das sowohl »reden« als auch »sprechen« bedeutet. **Hablar** ist ein regelmäßiges Verb auf -ar.

So verwenden Sie es:

- **Lorenzo: ¿Hablas español?** (*a-blaß eß-pa-njol*; Sprichst du Spanisch?)
- **Karin: Sí, pero lo hablo muy mal.** (*ßi pe-ro lo a-blo mui mal*; Ja, aber ich spreche es sehr schlecht.)
- **Lorenzo: ¡Lo hablas muy bien!** (*lo a-blaß mui bien*; Du sprichst es sehr gut!)
- **Karin: Mis amigos lo hablan mucho mejor.** (*miß a-mi-goß lo a-blan mu-tscho me-chor*; Meine Freunde sprechen es viel besser.)

### *Kleiner Wortschatz*

| Spanisch | Aussprache | Deutsch |
|---|---|---|
| mucho/a | *mu-tscho/a* | viel, sehr |
| muy | *mui* | sehr |
| mal | *mal* | schlecht |
| bien | *bien* | gut |
| mejor | *me-chor* | besser |
| el idioma | *el i-dio-ma* | die Sprache |
| los amigos | *loß a-mi-goß* | die Freunde |

Mit dem Verb **hablar** finden Sie eine gemeinsame Sprache:

- ✔ **Frau Pérez: ¿Habla usted español?** (*a-bla uß-ted eß-pa-njol*; Sprechen Sie Spanisch?)
- ✔ **Herr Barra: Sí. ¿Qué idiomas habla usted?** (*ßi ke i-dio-maß a-bla uß-ted*; Ja. Welche Sprachen sprechen Sie?)
- ✔ **Frau Pérez: Yo hablo alemán y francés.** (*jo a-blo a-le-man i fran-theß*; Ich spreche Deutsch und Französisch.)
- ✔ **Herr Barra: Es muy difícil hablar alemán?** (*eß mui di-fi-thil a-blar a-le-man*; Ist es sehr schwer, Deutsch zu sprechen?)
- ✔ **Frau Pérez: Sí, es muy difícil.** (*ßi eß mui di-fi-thil*; Ja, es ist sehr schwierig.)
- ✔ **Herr Barra: ¿Y es difícil hablar francés**? (*i eß di-fi-thil a-blar fran-theß*; Und ist es schwierig, Französisch zu sprechen?)
- ✔ **Frau Pérez: No, es fácil.** (*no eß fa-thil*; Nein, das ist leicht.)

- **Herr Barra: A mí me gusta mucho hablar español.** (*a mi me guß-ta mu-tscho a-blar eß-pa-njol*; Ich spreche sehr gerne Spanisch. *Wörtlich*: Mir, mir gefällt es sehr Spanisch zu sprechen.)
- **Frau Pérez: A mí también me gusta.** (*a mi tam-bien me guß-ta*; Mir gefällt es auch.)

### Kleiner Wortschatz

| Spanisch | Aussprache | Deutsch |
|---|---|---|
| francés | *fran-theß* | Französisch |
| español | *eß-pa-njol* | Spanisch |
| alemán | *a-le-man* | Deutsch |
| gustar | *guß-tar* | gefallen |
| también | *tam-bien* | auch |
| difícil | *di-fi-thil* | schwer, schwierig |
| fácil | *fa-thil* | leicht, einfach |

## Arbeiten: Das Verb »trabajar«

Ein sehr häufiges Gesprächsthema ist die Arbeit. Mit dem regelmäßigen Verb **trabajar** (*tra-wa-char*; arbeiten) reden Sie zum Beispiel so darüber:

- **Francisca: ¿Dónde trabaja usted?** (*don-de tra-wa-cha uß-ted*; Wo arbeiten Sie?)
- **Pedro: Trabajo en el País Vasco, soy ingeniero.** (*tra-wa-cho en el paiß baß-ko ßoi in-che-nie-ro*; Ich arbeite im Baskenland. Ich bin Ingenieur.)
- **Francisca: ¿Para qué compañía trabaja?** (*pa-ra ke kom-pa-njia tra-wa-cha*; Für welche Firma arbeiten Sie?)

- ✔ **Pedro: Soy empresario independiente. Y usted, ¿qué trabaja?** (*ßoi em-pre-ßa-rio in-de-pen-dien-te; i uß-ted ke tra-wa-cha*; Ich bin selbstständiger Unternehmer. Und Sie, was arbeiten Sie?)

- ✔ **Francisca: Soy dentista.** (*ßoi den-tiß-ta*; Ich bin Zahnärztin.)

- ✔ **Pedro: ¿Y dónde tiene su consultorio?** (*i don-de tie-ne ßu kon-ßul-to-rio*; Und wo haben Sie Ihre Praxis?)

- ✔ **Francisca: En Barcelona.** (*en bar-the-lo-na*; In Barcelona.)

### *Kleiner Wortschatz*

| Spanisch | Aussprache | Deutsch |
|---|---|---|
| el ingeniero | *el in-chen-ie-ro* | der Ingenieur |
| el/la dentista | *el/la den-tiß-ta* | der Zahnarzt/die Zahnärztin |
| la compañía | *la kom-pa-njia* | die Firma |
| el empresario | *el em-pre-ßa-rio* | der Unternehmer |
| el consultorio | *el kon-ßul-to-rio* | die Praxis |
| el maestro | *el ma-eß-tro* | der Lehrer |
| el policía | *el po-li-thia* | der Polizist |
| el/la contable | *el/la kon-ta-ble* | der/die Buchhalter/in |
| el/la periodista | *el/la pe-rio-diß-ta* | der/die Journalist/in |
| el programador | *el pro-gra-ma-dor* | der Programmierer |

## *Ich verstehe: Das Verb »entender«*

**¿Entiende?** – »Verstehen Sie?« Ein Satz, der vielen Spanischlernenden sehr vertraut ist. **Entender** (*en-ten-der*; verstehen) ist ein unregelmäßiges Verb – bei einigen Verbformen wird in den Stamm ein **i** eingefügt. Sehen Sie sich hierzu die Konjugationstabelle an.

| Konjugation | Aussprache |
|---|---|
| yo ent**i**end**o** | *jo en-tien-do* |
| tú ent**i**end**es** | *tu en-tien-deß* |
| él, ella, usted ent**i**end**e** | *el, e-ja, uß-ted en-tien-de* |
| nosotros entend**emos** | *no-ßo-troß en-ten-de-moß* |
| vosotros entend**éis** | *bo-ßo-troß en-ten-deiß* |
| ellos, ustedes ent**i**end**en** | *e-joß, uß-te-deß en-tien-den* |

So können Sie das Verb **entender** verwenden:

- **Entiendo el italiano pero no lo hablo.** (*en-tien-do el i-ta-lia-no pe-ro no lo a-blo*; Ich verstehe Italienisch, aber ich spreche es nicht.
- **Francisca entiende algo de cocinar.** (*fran-thiß-ka en-tien-de al-go de ko-thi-nar*; Francisca versteht etwas vom Kochen.)
- **Pedro no me entiende.** (*pe-dro no me en-tien-de*; Pedro versteht mich nicht.)
- **Ellos entienden lo que decimos.** (*e-jos en-tien-den lo ke de-thi-moß*; Sie verstehen, was wir sagen.)

Wenn Sie rein gar nichts verstehen, aber trotzdem Eindruck hinterlassen wollen, sollten Sie sich folgenden Satz merken:

- **No entiendo ni jota.** (*no en-tien-do ni cho-ta*; Ich verstehe gar nichts. *Wörtlich*: Ich verstehe noch nicht einmal »j«.)

## Leben oder wohnen: Das Verb »vivir«

Das Verb **vivir** (*bi-wir*) bedeutet sowohl »leben« als auch »wohnen«. Häufig werden Sie die Frage **¿Dónde vive?** (*don-de bi-we*) hören – also: »Wo wohnen/leben Sie?« **Vivir** ist ein regelmäßiges Verb:

| Konjugation | Aussprache |
|---|---|
| yo vivo | *jo bi-wo* |
| tú vives | *tu bi-weß* |
| él, ella, usted vive | *el, e-ja, uß-ted bi-we* |
| nosotros vivimos | *no-ßo-troß bi-wi-moß* |
| vosotros vivís | *bo-ßo-troß bi-wiß* |
| ellos, ustedes viven | *e-joß, uß-te-deß bi-wen* |

So unterhalten Sie sich zum Beispiel über das Wohnen:

- **Carlos: ¿Dónde vives?** (*don-de bi-weß*; Wo wohnst du?)
- **Emma: Vivo en Mirasierra en un piso compartido.** (*bi-wo en mi-ra-ßie-rra en un pi-ßo kom-par-ti-do*; Ich wohne in Mirasierra in einer Wohngemeinschaft.)
- **Carlos: ¿Te gusta vivir ahí?** (*te guß-ta bi-wir ai*; Wohnst du gerne dort? *Wörtlich*: Dir gefällt wohnen dort?)

- **Emma: No, no me gusta. Quisiera vivir más central.** (*no no me guß-ta ki-ßie-ra bi-wir maß then-tral*; Nein, es gefällt mir nicht. Ich würde gerne zentraler wohnen.)

### Kleiner Wortschatz

| Spanisch | Aussprache | Deutsch |
|---|---|---|
| el piso compartido | *el pi-ßo kom-par-ti-do* | die Wohngemeinschaft |
| te gusta; me gusta | *te guß-ta; me guß-ta* | es gefällt dir; es gefällt mir |
| más | *maß* | mehr |
| más central | *maß then-tral* | zentraler |

## Entschuldigung – wie bitte?

Mit folgenden Sätzen können Sie sich höflich erklären:

- **No entiendo.** (*no en-tien-do*; Ich verstehe nicht.)
- **Lo siento.** (*lo ßien-to*; Es tut mir leid. *Wörtlich*: Ich bedaure es.)
- **¡Perdone!** (*per-do-ne*; Entschuldigen Sie!)

Die Entschuldigungen lassen sich auch in vielen anderen Situationen anwenden, wenn Sie zum Beispiel aus Versehen jemandem auf den Fuß getreten sind oder wenn Sie nach dem Weg fragen wollen.

## Fragen Sie! Wer, wie, was, warum ...

**Preguntas** (*pre-gun-taß*; Fragen) sind die Schlüssel, die uns eine neue Kultur erschließen. Die typischen deutschen W-Fragen sind im Spanischen mit einigen Ausnahmen **C**- oder **Qu**-Fragen. Lernen Sie die spanischen Fragewörter kennen:

- ✔ **¿Quién?** (*kien*; Wer?)
- ✔ **¿Qué?** (*ke*; Was?)
- ✔ **¿Dónde**? (*don-de*; Wo?)
- ✔ **¿Cuándo?** (*kuan-do*; Wann?)
- ✔ **¿Cuánto?** (*kuan-to*; Wie viel?)
- ✔ **¿Por qué?** (*por ke*; Warum?)
- ✔ **¿Cómo?** (*ko-mo*; Wie?)
- ✔ **¿Cuál?** (*kual*; Welche/r/s?)

Hier ein paar Beispiele, wie Sie diese Fragewörter verwenden können:

- ✔ **¿Quién es él?** (*kien eß el*; Wer ist das? *Wörtlich*: Wer ist er?)
- ✔ **¿Qué hace usted?** (*ke a-the uß-ted*; Was machen Sie?)
- ✔ **¿Dónde viven?** (*don-de bi-wen*; Wo wohnen sie/Sie?)
- ✔ **¿Cuándo has llegado**? (*kuan-do aß je-ga-do*; Wann bist du angekommen?)
- ✔ **¿Por qué está aquí?** (*por ke eß-ta a-ki*; Warum ist er/sie hier?)
- ✔ **¿Cómo es el camino?** (*ko-mo eß el ka-mi-no*; Wie ist der Weg?)
- ✔ **¿Cuánto cuesta la habitación?** (*kuan-to kueß-ta la a-wi-ta-thion*; Wie viel kostet das Zimmer?)
- ✔ **¿Cuál hotel es mejor?** (*kual o-tel eß me-chor*; Welches Hotel ist besser?)

### *Akzente in Fragen setzen*

Die typischen Fragewörter **qué, cómo, dónde** und so weiter tragen in Frage- und Ausrufesätzen einen **acento** (*a-then-to*; Akzent). Werden dieselben Wörter hingegen in Aussagesätzen verwendet, fällt der Akzent weg. Zum Beispiel:

- ✔ In der Frage **¿Dónde viven?** (*don-de bi-wen*; Wo wohnen sie?) wird das Fragewort **dónde** mit Akzent geschrieben.
- ✔ In der Aussage: **Esto es la casa, donde viven** (*eß-to eß la ka-ßa don-de bi-wen*; Das ist das Haus, wo sie wohnen.) wird **donde** ohne Akzent geschrieben.

Neben **¿Cómo?** in einer Frage gibt es also auch **como** in einem Aussagesatz, neben **¿Qué?** gibt es **que** und so weiter. Die Aussprache bleibt hier – ob mit Akzent, ob ohne – gleich. **¿Por qué?** (*por ke*; Warum?) dagegen wird in einer Antwort zusammengeschrieben und bedeutet »weil«: **porque** (*por-ke*). Hier ändert sich ausnahmsweise die Aussprache.

### *Kleiner Wortschatz*

| Spanisch | Aussprache | Deutsch |
|---|---|---|
| el camino | *el ka-mi-no* | der Weg/die Straße |
| hacer | *a-ther* | machen, tun |
| la habitación | *la a-wi-ta-thion* | das Zimmer |
| llegar | *je-gar* | ankommen |
| vivir | *bi-wir* | leben, wohnen |
| aquí | *a-ki* | hier |
| mejor | *me-chor* | besser |

Auf Reisen lernt man besonders leicht Leute kennen. Stefanie fliegt nach Madrid. So könnte eine Unterhaltung mit ihrem Sitznachbarn aussehen:

- ✔ **Stefanie: ¡Qué vuelo tan agradable!** (*ke bue-lo tan a-gra-da-ble*; Was für ein angenehmer Flug!)
- ✔ **Juan: Sí, es un viaje tranquilo. ¿Cómo te llamas?** (*ßi eß un bia-che tran-ki-lo ko-mo te ja-maß*; Ja, es ist eine ruhige Reise. Wie heißt du?)
- ✔ **Stefanie: Me llamo Stefanie. Y tu, ¿cómo te llamas?** (*me ja-mo ßte-fa-ni i tu ko-mo te ja-maß*; Ich heiße Stefanie. Und du, wie heißt du?)
- ✔ **Juan: Soy Juan. ¿De dónde eres?** (*ßoi chuan de don-de e-reß*; Ich bin Juan. Woher kommst (*wörtlich*: bist) du?)
- ✔ **Stefanie: Yo soy de Alemania, de Leipzig. ¿Cómo es Madrid?** (*jo ßoi de a-le-ma-nia de leip-zig ko-mo eß ma-drid*; Ich bin aus Deutschland, aus Leipzig. Wie ist Madrid?)
- ✔ **Juan: Es una ciudad grande y maravillosa.** (*eß u-na thiu-dad gran-de i ma-ra-wi-jo-ßa*; Es ist eine große und wunderschöne Stadt.)

### Kleiner Wortschatz

| Spanisch | Aussprache | Deutsch |
|---|---|---|
| el vuelo | *el bue-lo* | der Flug |
| tranquilo/a | *trang-ki-lo/a* | ruhig |
| grande | *gran-de* | groß |
| maravilloso/a | *ma-ra-wi-jo-ßo/a* | wunderschön |
| agradable | *a-gra-da-ble* | angenehm |
| el viaje | *el bia-che* | die Reise |
| la ciudad | *la thiu-dad* | die Stadt |

## Alles über das Wetter

In Spanien ist – wie in Deutschland – **el tiempo** (*el tiem-po*; das Wetter) Gesprächsthema Nummer eins für eine kleine Plauderei. So reden Sie über das Wetter:

- **Hace mucho calor.** (*a-the mu-tscho ka-lor*; Es ist sehr warm. *Wörtlich*: (Es) macht viel Wärme.)
- **Hace frío.** (*a-the frio*; Es ist kalt. *Wörtlich*: (Es) macht Kälte.)
- **Llueve bastante.** (*jue-we baß-tan-te*; Es regnet ziemlich viel.)
- **Hace sol.** (*a-the ßol*; Die Sonne scheint. *Wörtlich*: (Es) macht Sonne.)
- **Hace treinta grados.** (*a-the trein-ta gra-doß*; Es sind dreißig Grad. *Wörtlich*: (Es) macht dreißig Grad.)
- **Nieva.** (*nie-wa*; Es schneit.)

- **¿Qué tiempo hace en Madrid?** (*ke tiem-po a-the en madrid*; Was für ein Wetter ist in Madrid? *Wörtlich*: Was Wetter macht (es) in Madrid?)
- **¡Qué calor!** (*ke ka-lor*; Was für eine Wärme/Hitze!)
- **¡Qué tiempo terrible!** (*ke tiem-po te-rri-ble*; Was für ein furchtbares Wetter!)

In Spanien regnet es übrigens keine Bindfäden, sondern »wie aus Kübeln«:

- **¡Llueve a cántaros!** (*jue-we a kan-ta-roß*; Es regnet wie aus Kübeln!)

Rosa und Mario unterhalten sich über das Wetter in Buenos Aires:

- **Rosa: ¿Cómo es el clima de Buenos Aires?** (*ko-mo eß el kli-ma de bue-noß ai-reß*; Wie ist das Klima in Buenos Aires?)
- **Mario: Es muy agradable y templado.** (*eß mui a-gra-dable i tem-pla-do*; Es ist sehr angenehm und mild.)
- **Rosa: ¿Llueve mucho?** (*jue-we mu-tscho*; Regnet es viel?)
- **Mario: Llueve todo el año, pero no mucho.** (*jue-we to-do el a-njo pe-ro no mu-tscho*; Es regnet das ganze Jahr über, aber nicht viel.)
- **Rosa: ¿Y también hay sol?** (*i tam-bien ai ßol*; Und ist es auch sonnig? (*wörtlich*: Und auch gibt es Sonne?))
- **Mario: Sí, hay sol casi todos los días.** (*ßi ai ßol ka-ßi todoß loß diaß*; Ja, die Sonne scheint fast jeden Tag.)

- **Rosa: ¿No nieva nunca?** (*no nie-wa nung-ka*; Schneit es nie?)
- **Mario: No, en Buenos Aires nunca nieva.** (*no en bue-noß ai-reß nung-ka nie-wa*; Nein, in Buenos Aires schneit es nie.)

### Kleiner Wortschatz

| Spanisch | Aussprache | Deutsch |
|---|---|---|
| el calor | *el ka-lor* | die Wärme, Hitze |
| el frío | *el frio* | die Kälte |
| hay | *ai* | es gibt |
| el sol | *el ßol* | die Sonne |
| nevar | *ne-war* | schneien |
| llover | *jo-wer* | regnen |
| terrible | *te-rri-ble* | furchtbar |
| agradable | *a-gra-da-ble* | angenehm |
| templado/a | *tem-pla-do/a* | mild |
| el año | *el a-njo* | das Jahr |
| la primavera | *la pri-ma-we-ra* | der Frühling |
| el verano | *el be-ra-no* | der Sommer |
| el otoño | *el o-to-njo* | der Herbst |
| el invierno | *el in-bier-no* | der Winter |
| la nieve | *la nie-we* | der Schnee |

## *Wie geht es Ihrer Familie?*

**La familia** (*la fa-mi-lia*; die Familie) hat in Spanien einen sehr hohen Stellenwert. An Feiertagen trifft man sich im großen Kreis. Die Familie besteht in Spanien nicht nur aus Mutter, Vater und Geschwistern, sondern aus einer Vielzahl von Verwandten.

So bezeichnen Sie die Familienmitglieder:

- ✔ **el padre** (*el pa-dre*; der Vater)
- ✔ **la madre** (*la ma-dre*; die Mutter)
- ✔ **el hijo** (*el i-cho*; der Sohn)
- ✔ **la hija** (*la i-cha*; die Tochter)
- ✔ **el hermano** (*el er-ma-no*; der Bruder)
- ✔ **la hermana** (*la er-ma-na*; die Schwester)
- ✔ **el abuelo** (*el a-wue-lo*; der Großvater)
- ✔ **la abuela** (*la a-wue-la*; die Großmutter)
- ✔ **el nieto** (*el nie-to*; der Enkel)
- ✔ **la nieta** (*la nie-ta*; die Enkelin)
- ✔ **el tío** (*el tio*; der Onkel)
- ✔ **la tía** (*la tia*; die Tante)
- ✔ **el primo** (*el pri-mo*; der Cousin)
- ✔ **la prima** (*la pri-ma*; die Cousine)
- ✔ **el sobrino** (*el ßo-bri-no*; der Neffe)

- **la sobrina** (*la ßo-bri-na*; die Nichte)
- **el cuñado** (*el ku-nja-do*; der Schwager)
- **la cuñada** (*la ku-nja-da*; die Schwägerin)
- **el yerno** (*el jer-no*; der Schwiegersohn)
- **la nuera** (*la nue-ra*; die Schwiegertochter)
- **el suegro** (*el ßue-gro*; der Schwiegervater)
- **la suegra** (*la ßue-gra*; die Schwiegermutter)

# Essen und trinken ¡Buen Provecho!

# 5

*In diesem Kapitel*

- ✔ Essen und Trinken bestellen
- ✔ Im Restaurant Fragen stellen
- ✔ Einen Tisch reservieren und die Rechnung bezahlen
- ✔ Tapas, Paella und mehr: Vokabeln rund ums Essen

Wenn Sie die Spanier kennenlernen wollen, dann am besten dort, wo gegessen und getrunken wird. In diesem Kapitel lernen Sie, wie Sie etwas im Restaurant oder im Café bestellen.

## Essen und trinken auf Spanisch

Je nach Tageszeit nehmen Sie eine dieser Mahlzeiten zu sich:

- ✔ **el desayuno** (*el deß-a-ju-no*; das Frühstück)
- ✔ **el almuerzo** (*el al-muer-tho*; das Mittagessen)
- ✔ **la merienda** (*la me-rien-da*; die Zwischenmahlzeit, der Imbiss, der Snack)
- ✔ **la cena** (*la the-na*; das Abendessen)
- ✔ **la comida** (*la ko-mi-da*; das Essen)

So sagen Sie, dass Sie Hunger oder Durst haben:

- ✔ **Tengo sed.** (*teng-go ßed*; Ich habe Durst.)
- ✔ **Tiene hambre.** (*tie-ne am-bre*; Er/Sie/Es hat Hunger.)

Bei Tischgesprächen rund ums Essen hören Sie Folgendes:

- **¡Buen provecho!** (*buen pro-we-tscho*; Guten Appetit!)
- **¿Con qué está servido?** (*kon ke eß-ta ßer-wi-do*; Mit was wird es serviert?)
- **Está caliente.** (*eß-ta ka-lien-te*; Es ist warm.)
- **Está frío.** (*eß-ta frio*; Es ist kalt.)
- **Está picante.** (*eß-ta pi-kan-te*; Es ist scharf.)
- **Está muy rico.** (*eß-ta mui rri-ko*; Es ist sehr lecker.)
- **Lo siento, no tenemos ...** (*lo ßien-to no te-ne-moß*; Es tut mir leid, wir haben keinen/keine/kein ... )
- **¿Qué ingredientes tiene?** (*ke in-gre-dien-teß tie-ne*; Was für Zutaten sind darin? *Wörtlich*: hat es?)
- **Soy alérgico a las nueces.** (*ßoi a-ler-chi-ko a laß nue-theß*; Ich bin allergisch gegen Walnüsse. (Die allergische Person ist hier ein Mann, da **alérgico** auf **o** endet. Für eine Frau müsste es **alérgica** heißen.))

Wenn es ums Trinken geht, werden folgende Sätze und Ausdrücke zum Einsatz kommen:

- **¡Escoga un vino!** (*eß-ko-cha un bi-no*; Wählen Sie einen Wein aus!)
- **¡Salud!** (*ßa-lud*; Prost! Zum Wohl! *Wörtlich*: Gesundheit!)
- **Tomamos un refresco.** (*to-ma-moß un rre-freß-ko*; Wir trinken ein Erfrischungsgetränk.)
- **Tomo un vino tinto.** (*to-mo un bi-no tin-to*; Ich nehme/trinke einen Rotwein.)

- ✔ **las bebidas alcohólicas** (*laß be-wi-daß al-ko-o-li-kaß*; die alkoholischen Getränke)
- ✔ **Un vaso de agua.** (*un ba-ßo de a-gua*; Ein Glas (keine Vase!) Wasser.)
- ✔ **Un vaso de leche.** (*un ba-ßo de le-tsche*; Ein Glas Milch.)

## Drei Verben, die Sie bei Tisch verwenden

Wenn Sie sagen wollen, was Sie trinken, stehen Ihnen im Spanischen gleich zwei Verben zur Verfügung: **tomar** (*to-mar*) und **beber** (*be-wer*). **Comer** (*ko-mer*) bedeutet »essen«.

### Nehmen und trinken: Das Verb »tomar«

**Tomar** (*to-mar*) hat zwei Bedeutungen: »nehmen« und »trinken«. Steht **tomar** vor einem Getränk, wird es mit »trinken« übersetzt. Bei der Bestellung im Restaurant sind natürlich beide Übersetzungen von **tomar** möglich: Entweder Sie nehmen ein Glas Wein oder Sie trinken es (oder beides).

**Tomar** ist ein regelmäßiges Verb. Hier die Konjugationstabelle:

| Konjugation | Aussprache |
|---|---|
| yo tomo | *jo to-mo* |
| tú tomas | *tu to-maß* |
| él, ella, usted toma | *el, e-ja, uß-ted to-ma* |
| nosotros tomamos | *no-ßo-troß to-ma-moß* |
| vosotros tomáis | *bo-ßo-troß to-maiß* |
| ellos, ustedes toman | *e-joß, uß-te-deß to-man* |

### *Trinken mit dem Verb »beber«*

**Beber** (*be-wer*) bedeutet »trinken« und nichts außer »trinken«. Es ist ein regelmäßiges Verb auf **-er**. Der Stamm, an den die Endungen angehängt werden, ist **beb-**. So sieht die Konjugation aus:

| **Konjugation** | **Aussprache** |
|---|---|
| yo bebo | *jo be-wo* |
| tú bebes | *tu be-weß* |
| él, ella, usted bebe | *el, e-ja, uß-ted be-we* |
| nosotros bebemos | *no-ßo-troß be-we-moß* |
| vosotros bebéis | *bo-ßo-troß be-weiß* |
| ellos, ustedes beben | *e-joß, uß-te-deß be-wen* |

### *Essen mit dem Verb »comer«*

**Comer** (*ko-mer*) bedeutet »essen«. **Comer** ist ein regelmäßiges Verb. Es wird wie **beber** konjugiert:

| **Konjugation** | **Aussprache** |
|---|---|
| yo como | *jo ko-mo* |
| tú comes | *tu ko-meß* |
| él, ella, usted come | *el, e-ja, uß-ted ko-me* |
| nosotros comemos | *no-ßo-troß ko-me-moß* |
| vosotros coméis | *bo-ßo-troß ko-meiß* |
| ellos, ustedes comen | *e-joß, uß-te-deß ko-men* |

## Im Restaurant

Mit diesem Knigge gelingt Ihr Genießerabend im Restaurant garantiert.

### Einen Tisch reservieren

Wenn Sie ein gut besuchtes Lokal besuchen wollen, sollten Sie vorher einen Tisch reservieren. Zum Beispiel so:

- ✔ **Quiero reservar una mesa para dos personas.** (*kie-ro rre-ßer-war u-na me-ßa pa-ra doß per-ßo-naß*; Ich möchte einen Tisch für zwei Personen reservieren.)
- ✔ **¿Para esta noche?** (*pa-ra eß-ta no-tsche*; Für heute abend?)
- ✔ **No, para mañana.** (*no pa-ra ma-nja-na*; Nein, für morgen.)
- ✔ **¿Para qué hora?** (*pa-ra ke o-ra*; Für welche Uhrzeit?)
- ✔ **Para las ocho de la noche.** (*pa-ra laß o-tscho de la no-tsche*; Für acht Uhr abends.)
- ✔ **¿A nombre de quién?** (*a nom-bre de kien*; Auf welchen Namen?)
- ✔ **El señor Steiner.** (*el ße-njor stei-ner*; Herr Steiner.)

### Die Speisekarte

Zuerst greifen Sie im spanischen Lokal zur Speisekarte. Hier die elementaren Begriffe:

- ✔ **el menú** (*el me-nu*; die Speisekarte)
- ✔ **las bebidas** (*laß be-wi-daß*; die Getränke)

- **las bebidas alcohólicas** (*laß be-wi-daß al-ko-o-li-kaß*; die alkoholischen Getränke)
- **los vinos** (*loß bi-noß*; die Weine)
- **los platos** (*loß pla-toß*; die Gerichte, die Speisen)
- **el menú del día** (*el me-nu del dia*; das Tagesmenü)
- **las entradas** (*laß en-tra-daß*; die Vorspeisen)
- **el plato principal** (*el pla-to prin-thi-pal*; die Hauptspeise)
- **los postres** (*loß poß-treß*; die Nachspeisen)
- **patatas arrugadas** (*pa-ta-taß a-rru-ga-daß*; Pellkartoffeln mit Salzkruste; Runzelkartoffeln)
- **patatas fritas** (*pa-ta-taß fri-taß*; Pommes Frites)
- **la carne** (*la kar-ne*; das Fleisch)
- **a la plancha** (*a la plan-tscha*; gegrillt)
- **frito** (*fri-to*; frittiert)
- **la salsa** (*la ßal-ßa*; die Soße, der Dip)
- **el pescado** (*el peß-ka-do*; der Fisch)
- **los platos vegetarianos** (*loß pla-toß be-che-ta-ria-noß*; die vegetarischen Gerichte)

### Bekommen, was Sie wollen: Das Verb »querer«

**Querer** (*ke-rer*) kann mit »wollen«, »möchten« oder mit »gern haben« übersetzt werden. Der Stamm ist **quer-**. Da es ein unregelmäßiges Verb ist, wird bei einigen Formen im Stamm ein **i** eingefügt:

| Konjugation | Aussprache |
|---|---|
| yo quiero | *jo kie-ro* |
| tú quieres | *tu kie-reß* |
| él, ella, usted quiere | *el, e-ja, uß-ted kie-re* |
| nosotros queremos | *no-ßo-troß ke-re-moß* |
| vosotros queréis | *bo-ßo-troß ke-reiß* |
| ellos, ustedes quieren | *e-joß, uß-te-deß kie-ren* |

### Getränke bestellen

Wenn Sie zum **desayuno** (*deß-a-ju-no*; Frühstück) da sind, können Sie eine der folgenden **bebidas** (*be-wi-daß*; Getränke) wählen:

- ✔ **un café solo** (*un ka-fe ßo-lo*; ein Espresso)
- ✔ **un café con leche** (*un ka-fe kon le-tsche*; ein Milchkaffee)
- ✔ **un café cortado** (*un ka-fe kor-ta-do*; ein Kaffee mit etwas Milch; *wörtlich*: »durchgeschnittener Kaffee«)
- ✔ **un té** (*un te*; ein (schwarzer) Tee)
- ✔ **una infusión de hierbas** (*u-na in-fu-ßion de ier-baß*; ein Kräutertee (keine Infusion!))

An einem heißen Sommertag genießen Sie vielleicht eher eines dieser Getränke:

- ✔ **un refresco** (*un rre-freß-ko*; ein Erfrischungsgetränk)
- ✔ **un zumo de frutas** (*un thu-mo de fru-taß*; ein Fruchtsaft)
- ✔ **un agua mineral** (*un a-gua mi-ne-ral*; ein Mineralwasser)

- **una horchata** (*u-na or-tscha-ta*; Horchata, ein Getränk aus Erdmandeln, Limonade und Eis)
- **sangría** (*ßan-gria*; Sangría, eine alkoholische Bowle aus Rotwein, Zucker, Fruchtsaft, Weinbrand und frischen Früchten, wie Pfirsiche oder Orangen. Selbst gemacht hat die spanische Sangría keine Ähnlichkeit mit der in Deutschland im Geschäft erhältlichen Sangría!)

Abends könnten Sie sich folgenden Getränken zuwenden:

- **una cerveza** (*u-na ther-we-tha*; ein Bier)
- **una caña** (*u-na ka-nja*; ein kleines Glas Bier; *wörtlich*: ein Schilfrohr)
- **un tubo** (*un tu-wo*; ein großes Glas Bier; *wörtlich*: ein Rohr)
- **un cóctel** (*un kok-tel*; ein Cocktail)
- **un vaso de vino** (*un ba-ßo de bi-no*; ein Glas Wein)
- **vino seco/dulce** (*bi-no ße-ko/dul-the*; trockener/lieblicher Wein)
- **vino blanco/tinto** (*bi-no blang-ko/tin-to*; Weiß-/Rotwein)
- **vino de la casa** (*bi-no de la ka-ßa*; Wein des Hauses)
- **sidra** (*ßi-dra*; Apfelwein)

So bestellen Sie Ihr Getränk:

- **Kellner: ¿Quieren algo de beber?** (*kie-ren al-go de be-wer*; Möchten Sie etwas trinken?)

- **Gast 1: Quiero un vaso de vino tinto.** (*kie-ro un ba-ßo de bi-no tin-to*; Ich möchte ein Glas Rotwein.)
- **Kellner: Muy bien, ¿y usted?** (*mui bien i uß-ted*; Sehr gern, und Sie?)
- **Gast 2: Yo tomo una cerveza.** (*jo to-mo u-na ther-we-tha*; Ich nehme/trinke ein Bier.)

Und so stoßen Sie an:

- **¡Salud!** (*ßa-lud*; Zum Wohl!)
- **¡Chinchín!** (*tschin-tschin*; Prost!)

### *Essen bestellen*

Wenn Sie Essen bestellen wollen, rufen Sie so nach dem Kellner beziehungsweise der Kellnerin:

- **¡Camarero!** (*ka-ma-re-ro*; Kellner!)
- **¡Señorita!** (*ße-njo-ri-ta*; Fräulein! (Kellnerin!))
- **Tráigame por favor ...** (*trai-ga-me por fa-wor*; Bringen Sie mir bitte ...)

So bestellen Sie den Salat, die Suppe und den Hauptgang:

- **Kellner: ¿Estan listos para ordenar?** (*eß-tan liß-toß pa-ra or-de-nar*; Haben Sie schon gewählt? (*wörtlich*: Sind Sie bereit zu bestellen?))
- **Gast 1: Yo quiero una ensalada mixta.** (*jo kie-ro u-na en-ßa-la-da miß-ta*; Ich möchte einen gemischten Salat.)
- **Gast 2: Y para mí una sopa de mariscos.** (*i pa-ra mi u-na ßo-pa de ma-riß-koß*; Und für mich eine Suppe mit Meeresfrüchten.)

- **Kellner: ¿Y de plato principal?** (*i de pla-to prin-thi-pal*; Und als Hauptspeise?)
- **Gast 1: ¿Qué nos recomienda?** (*ke noß rre-ko-mien-da*; Was empfehlen Sie uns?)
- **Kellner: Tenemos dos platos especiales: paella alicantina y txangurro.** (*te-ne-moß doß pla-toß eß-pe-thia-leß: pa-e-ja a-li-kan-ti-na i tschang-gu-rro*; Wir haben zwei besondere Gerichte: Paella nach Alicanter Art und Txangurro.)
- **Gast 1: ¿Qué es txangurro?** (*ke eß tschang-gu-rro*; Was ist Txangurro?)
- **Kellner: Es una especie de cangrejo. Es una especialidad vasca.** (*eß u-na eß-pe-thie de kan-gre-cho eß u-na eß-pe-thia-li-dad baß-ka*; Das ist eine Krebsart. Es ist eine baskische Spezialität.)
- **Gast 1: Entonces tomo el txangurro.** (*en-ton-theß to-mo el tschang-gu-rro*; Dann nehme ich den Txangurro.)
- **Gast 2: Yo quiero el pollo con mango.** (*jo kie-ro el po-jo kon mang-go*; Ich möchte das Hähnchen mit Mango.)

### Kleiner Wortschatz

| Spanisch | Aussprache | Deutsch |
|---|---|---|
| listo/a | *liß-to/a* | bereit |
| ordenar | *or-de-nar* | bestellen |
| recomendar | *rre-ko-men-dar* | empfehlen |
| la especialidad | *la eß-pe-thia-li-dad* | die Spezialität |

### *Zahlen, bitte!*

So bestellen Sie die Rechnung und zahlen:

- ✔ **Camarero, ¿nos trae la cuenta por favor?** (*ka-ma-re-ro noß tra-e la kuen-ta por fa-wor*; Kellner, bringen Sie uns die Rechnung bitte?)
- ✔ **Quisiera pagar.** (*ki-ßie-ra pa-gar*; Ich würde gerne zahlen.)
- ✔ **¡La cuenta por favor!** (*la kuen-ta por fa-wor*; Die Rechnung, bitte!)
- ✔ **¿Aceptan tarjetas de crédito?** (*a-thep-tan tar-che-taß de kre-di-to*; Akzeptieren Sie Kreditkarten?)
- ✔ **Sí, por supuesto.** (*ßi por ßu-pueß-to*; Ja, selbstverständlich.)
- ✔ **No, lo siento mucho.** (*no lo ßien-to mu-tscho*; Nein, es tut mir sehr leid.)

Nachdem Sie ein ausgezeichnetes spanisches Essen genossen haben, beenden Sie den Abend im Restaurant vielleicht so:

- ✔ **La comida estuvo deliciosa.** (*la ko-mi-da eß-tu-wo de-li-thio-ßa*; Das Essen war köstlich.)
- ✔ **Eso es para usted.** (*eß-o eß pa-ra uß-ted*; Das ist für Sie.)
- ✔ **la propina** (*la pro-pi-na*; das Trinkgeld)

### Kleiner Wortschatz

| Spanisch | Aussprache | Deutsch |
|---|---|---|
| traer | *tra-er* | bringen, herholen |
| aceptar | *a-thep-tar* | akzeptieren, annehmen |
| la cuenta | *la kuen-ta* | die Rechnung |
| pagar | *pa-gar* | bezahlen |

Vielleicht wollen Sie nun noch das WC benutzen. In Spanien fragen Sie nicht nach der Toilette oder dem WC, sondern nach dem Bad:

- **¿Dónde está el baño?** (*don-de eß-ta el ba-njo*; Wo ist das Bad?)
- **¿Dónde estan los servicios?** (*don-de eß-tan loß ßer-wi-thioß*; Wo ist das Bad? *Wörtlich*: Wo sind die Dienste?)

Wenn sich keine Symbole auf den Türen befinden, sind folgende Wörter hilfreich:

- **damas** (*da-maß*; Damen)
- **caballeros** (*ka-wa-je-roß*; Herren)

## Die Speisen Spaniens

Spanien hat kulinarisch sehr viel zu bieten:

- Die wohl beliebteste spanische Suppe ist der **gazpacho** (*gath-pa-tscho*) aus Andalusien. Das ist eine kalte Suppe mit Gurken, Tomaten, Paprika, Knoblauch und Weißbrot – genau das Richtige für heiße Sommertage.

- Ein kastilischer Eintopf ist der **cocido castellano** (*ko-thi-do kaß-te-ja-no*; *wörtlich*: »der gekochte«). Er besteht aus Kartoffeln, Gemüse, Fleisch (Speck, Wurst, Wild) und Kichererbsen.
- Aus Asturien stammt die Suppe **fabada asturiana** (*fa-wa-da aß-tu-ria-na*). Das ist eine Suppe mit weißen Bohnen und Blutwurst.
- In Madrid zählen die **callos a la madrileña** (*ka-joß a la ma-dri-le-nja*; Madrider Kutteln) zu den besonderen Spezialitäten. Beliebt ist auch das **cochinillo asado** (*ko-tschi-ni-jo a-ßa-do*), das Spanferkel, das langsam über einem Holzfeuer gegart wird.
- **Chorizo** (*tscho-ri-tho*) ist eine Wurst mit Paprika, die es in tausend Varianten gibt; **morcilla** (*mor-thi-ja*) ist eine schwarze Blutwurst.
- **Migas** (*mi-gaß*) war ursprünglich ein Arme-Leute-Essen: in Öl angebratene Brotkrumen mit Speck und etwas Gemüse. Probieren Sie es selbst!
- **Pescado** (*peß-ka-do*; Fisch) und **mariscos** (*ma-riß-koß*; Meeresfrüchte) essen Sie am besten an der Küste, wo der Fisch frisch gefangen wird.
- Ebenfalls eine baskische Spezialität ist die **merluza a la vasca** (*mer-lu-tha a la baß-ka*). Das ist Seehecht, der als Stockfisch in Béchamel-Soße mit Knoblauch serviert wird.
- Aus Galizien kommt der **pulpo gallego** (*pul-po ga-je-go*; Krake nach gallizischer Art). Er wird mit Kartoffeln, Paprika und Olivenöl serviert.

- Nicht zu vergessen ist das wohl bekannteste Gericht Spaniens: die **paella** (*pa-e-ja*). Wichtigste Zutaten sind Safranreis, Meeresfrüchte und Gemüse. Allerdings gibt es Paella in vielen Varianten, also auch mit Fleisch oder nur mit Gemüse. Die traditionelle Paella wird **sobre el fuego** (*ßo-bre el fue-go*; über dem Feuer) zubereitet.

- Nicht nur für **vegetarianos** (*be-che-ta-ri-a-noß*; Vegetarier) sind **tortillas** (*tor-ti-jaß*) ein Genuss. Das ist ein Omelett mit Kartoffeln und Gemüse. Daneben sind Rühreier, **revueltos** (*rre-wuel-toß*) sehr beliebt. Sie werden mit Gemüse oder mit Garnelen serviert.

- Zum Nachtisch könnten Sie zum Beispiel eine **crema catalana** (*kre-ma ka-ta-la-na*) bestellen. Das ist ein Cremepudding, mit Karamell überzogen. **Flan** (*flan*) ist ebenfalls ein Pudding; **el helado** (*el e-la-do*) ist das Speiseeis. Oder Sie probieren eine der süßen **tartas** (*tar-taß*) – kleine Kuchen. Wenn Sie im Dezember in Spanien sind, sollten Sie **turrón** (*tu-rron*) bestellen, ein traditionelles Weihnachtsgebäck aus Honig, Zucker, Ei und Mandeln.

- Zum Frühstück findet man in ganz Spanien **churros con chocolate** (*tschu-rroß kon tscho-ko-la-te*). Das ist ein in Schokolade getauchtes Brandteiggebäck. Ein paar **churros** ersetzen eine ganze Mahlzeit!

- Auf Mallorca können Sie **ensaimadas** (*en-ßai-ma-daß*) probieren – ein Blätterteiggebäck, das zu einer Schnecke gedreht ist. Man kann **ensaimadas** auch **rellenas** (*rre-je-naß*; gefüllt) bekommen.

- Wenn Sie »zwischendurch« Hunger bekommen, sollten Sie nach **bocadillos** (*bo-ka-di-joß*) fragen. Das sind mit Schinken, Käse, Tortilla oder Salat belegte Brötchen, die es in (fast) jeder Bar gibt.

## ¡Tapas! Die Überlebensliste

**Tapas** (*ta-paß*) sind kleine Häppchen, die Sie überall in Spanien angeboten bekommen. Diese **tapas** finden Sie in jeder Bar:

- **aceitunas rellenas** (*a-thei-tu-naß rre-je-naß*; gefüllte Oliven)
- **albóndigas** (*al-bon-di-gaß*; Fleischbällchen)
- **pinchitos** (*pin-tschi-toß*; Fleischspießchen)
- **queso manchego** (*ke-ßo man-tsche-go*; Schafskäse aus der Mancha)
- **pulpos** (*pul-poß*; Kraken)
- **gambas** (*gam-baß*; Garnelen)
- **soldaditos de pavia** (*ßol-da-di-toß de pa-wia*; »Kleine Soldaten aus Pavia«, Kabeljau in Teig gebacken)
- **ensaladilla rusa** (*en-ßa-la-di-ja rru-ßa*; »Russischer Salat«, ein Kartoffelsalat)
- **empanadilla** (*em-pa-na-di-ja*; ein Blätterteiggebäck, das oft mit Tomaten oder Fleisch, manchmal auch mit Käse gefüllt ist)
- **boquerones** (*bo-ke-ro-neß*; sauer eingelegte Sardinen)

- **croquetas** (*kro-ke-taß*; Kroketten, oft mit leckerem Dip serviert)
- **chorizo** (*tscho-ri-tho*; Paprikawurst)
- **hígado** (*i-ga-do*; Leber)
- **pimientos rellenos** (*pi-mien-toß rre-je-noß*; gefüllte Paprikaschoten)
- **jamón serrano** (*cha-mon ße-rra-no*; luftgetrockneter Schinken aus den Bergregionen)
- **jamón de bellota** (*cha-mon de be-jo-ta*; ein sehr feiner, sehr teurer Schinken von frei laufenden Schweinen)

Fällt Ihnen die Entscheidung zwischen den vielen Möglichkeiten schwer, können Sie auch einfach **tapas variadas** (*ta-paß ba-ria-daß*) bestellen – der Kellner stellt Ihnen dann mehrere Häppchen zusammen, so dass Sie Verschiedenes probieren können.

Hier einige hilfreiche Sätze für den Tapas-Abend:

- **Unas »tapas variadas«, por favor.** (*u-naß ta-paß ba-ria-daß por fa-wor*; »Gemischte Tapas«, bitte.)
- **Una ración de pinchitos, por favor.** (*u-na rra-thion de pin-tschi-toß por fa-wor*; Eine Portion Fleischspießchen, bitte. (Eine **ración** ist ein etwas größerer Teller der gewünschten Tapa.))
- **¡Vámonos de tapas!** (*ba-mo-noß de ta-paß*; Gehen wir Tapas essen!)

## Die kulinarischen Köstlichkeiten Lateinamerikas

Die Küche Lateinamerikas variiert stark nach Breitengrad und Landschaft. Hier eine kleine Auswahl:

- ✔ **Guacamole** (*gua-ka-mo-le*) ist ein mexikanischer Dip aus Avocado, Chili, Koriander, Limette und Salz. Je nach Koch ist sie mild bis sehr scharf.
- ✔ **Empanadas** (*em-pa-na-daß*) sind gefüllte Teigtaschen, die in Fett frittiert werden. Die Füllung besteht meistens aus Käse, Fleisch oder Gemüse. In Mexiko sind **empanadas** gefaltete (und ebenfalls gefüllte) Maisfladen.
- ✔ Lateinamerika ist ein Kontinent der Bohnen. Es gibt sie in allen Farben und Größen. In Ecuador werden dicke Bohnen, **habas** (*a-waß*), geröstet als Knabberei verkauft.
- ✔ In Argentinien nennt man das Rindssteak **bife** (*bi-fe*). Vom Rind wird fast alles verwertet. So können Sie zum Beispiel **molleja** (*mo-je-cha*) probieren: gebratene Schilddrüse!
- ✔ In gegrillter Form wird an Bushaltestellen und auf Märkten **choclo** (*tscho-klo*) feilgeboten. Das ist ein zarter, junger Maiskolben, der im Ganzen gekocht oder gegrillt wird. In Mexiko heißt derselbe Mais **elote** (*e-lo-te*). Probieren Sie ihn mit Butter und Salz.
- ✔ An der Küste von Chile, Peru und Ecuador gibt es viele Varianten von **ceviche** (*the-wi-tsche*). **Ceviche** ist eine Vorspeise aus Krabben, Fisch oder Meeresfrüchten, die in Zitronensaft, Salz, Pfeffer und Chili mariniert werden.

# Einkaufen leicht gemacht 6

*In diesem Kapitel*

- ✔ Im Kaufhaus und auf dem Markt einkaufen
- ✔ Kleidung anprobieren
- ✔ Größen, Farben, Materialien und Artikel kennen
- ✔ Die Verben »probar« und »llevar« verwenden
- ✔ Vergleiche anstellen

In diesem Kapitel lernen Sie, in Spanien problemlos einzukaufen – sei es im Kaufhaus oder auf dem Markt.

## Einkaufen – die Grundlagen

Wo möchten Sie am liebsten einkaufen? Auf dem Wochenmarkt? Oder im Einkaufszentrum? So finden Sie, was Sie suchen:

- ✔ **el supermercado** (*el ßu-per-mer-ka-do*; der Supermarkt)
- ✔ **el hipermercado** (*el i-per-mer-ka-do*; das (große) Einkaufszentrum)
- ✔ **el centro comercial** (*el then-tro ko-mer-thial*; das Kaufhaus)
- ✔ **el mercado semanal** (*el mer-ka-do ße-ma-nal*; der Wochenmarkt)
- ✔ **el quiosco** (*el ki-oß-ko*; der Kiosk)
- ✔ **la panadería** (*la pa-na-de-ri-a*; die Bäckerei)

- **el estanco** (*el eß-tang-ko,* der Tabakladen; hier bekommen Sie auch Briefmarken, Telefonkarten und Fahrkarten)

Geöffnet sind die Geschäfte in Spanien gewöhnlich von 9.30 bis 13.30 und von 17 bis 20 Uhr. Dazwischen liegt die **siesta** (*ßieß-ta*; Mittagsruhe). So fragen Sie nach den Öffnungszeiten:

- **¿A qué hora abren?** (*a ke o-ra a-bren*; Um wie viel Uhr öffnen Sie?)
- **¿A qué hora cierran?** (*a ke o-ra thie-rran*; Um wie viel Uhr schließen Sie?)
- **¿Cuál es su horario de apertura?** (*kual eß ßu o-ra-rio de a-per-tu-ra*; Wie sind Ihre Öffnungszeiten?)

Diese Ausdrücke werden Ihnen im Kaufhaus weiterhelfen:

- **¿Dónde está la entrada?** (*don-de eß-ta la en-tra-da*; Wo ist der Eingang?)
- **¿Dónde está la salida?** (*don-de eß-ta la ßa-li-da*; Wo ist der Ausgang?)
- **¿Dónde hay ...?** (*don-de ai* ...; Wo gibt es ...?)
- **empuje** (*em-pu-che*; drücken (Sie))
- **tire** (*ti-re*; ziehen (Sie))
- **el ascensor** (*el aß-then-ßor*; der Aufzug)
- **las rebajas** (*laß rre-wa-chaß*; die Rabatte)
- **el vendedor** (*el ben-de-dor*; der Verkäufer)

- **la vendedora** (*la ben-de-do-ra*; die Verkäuferin)
- **¿Dónde está la caja?** (*don-de eß-ta la ka-cha*; Wo ist die Kasse?)

Diese Sätze brauchen Sie vielleicht, um mit dem Verkäufer oder der Verkäuferin zu kommunizieren:

- **Verkäufer: ¿Busca algo en especial?** (*buß-ka al-go en eß-pe-thial*; Suchen Sie etwas Besonderes?)
- **Kunde: No, no necesito ayuda, gracias. Estoy solo mirando.** (*no no ne-the-ßi-to a-ju-da gra-thiaß eß-toi ßo-lo mi-ran-do*; Nein, ich brauche keine Hilfe. Danke. Ich schaue mich nur um.)
- **Verkäufer: Me llama cuando me necesita.** (*me ja-ma kuan-do me ne-the-ßi-ta*; Sie rufen mich, wenn Sie mich brauchen. *Wörtlich*: (Sie) Mich rufen, wenn (Sie) mich brauchen.)
- **Kunde: Sí, le voy a llamar. Gracias.** (*ßi le boi a ja-mar gra-thiaß*; Ja, ich werde Sie rufen. Danke.)

### Kleiner Wortschatz

| Spanisch | Aussprache | Deutsch |
|---|---|---|
| abrir | *a-brir* | öffnen |
| cerrar | *the-rrar* | schließen |
| mirar | *mi-rar* | schauen |

So finden Sie im Kaufhaus, was Sie suchen:

- **¿Dónde están los vestidos de señora?** (*don-de eß-tan loß beß-ti-doß de ße-njo-ra*; Wo ist die Damenbekleidung?)

- **¿Dónde está la ropa de hombre?** (*don-de eß-ta la rro-pa de om-bre*; Wo ist die Herrenbekleidung?)
- **¿Dónde encuentro artículos de tocador?** (*don-de en-kuen-tro ar-ti-ku-loß de to-ka-dor*; Wo finde ich Toilettenartikel?)
- **¿Venden electrodomésticos?** (*ben-den e-lek-tro-do-meß-ti-koß*; Verkaufen Sie Haushaltsgeräte?)

Und diese Antwort könnten Sie zum Beispiel hören:

- **En el tercer piso.** (*en el ter-ther pi-ßo*; Im dritten Stock.)
- **Al fondo, a la izquierda.** (*al fon-do a la ith-kier-da*; Hinten links.)
- **Un piso más arriba.** (*un pi-ßo maß a-rri-wa*; Ein Stockwerk höher.)
- **Sí, en el último piso.** (*ßi en el ul-ti-mo pi-ßo*; Ja, im obersten Stock.)

Die Ordnungszahlen finden Sie in Kapitel 3.

### *Etwas anprobieren: Das Verb »probar«*

**Probar** (*pro-war*) bedeutet je nach Kontext »versuchen«, »probieren«, »kosten« (wenn es um Essen geht) oder »anprobieren« (wenn es um Kleidung geht). Das Verb **probar** ist unregelmäßig. Hier sehen Sie die Verbformen im Präsenz:

| Konjugation | Aussprache |
|---|---|
| yo pruebo | *jo prue-wo* |
| tú pruebas | *tu prue-waß* |
| él, ella, usted prueba | *el, e-ja, uß-ted prue-wa* |
| nosotros probamos | *no-ßo-troß pro-wa-moß* |
| vosotros probáis | *bo-ßo-troß pro-waiß* |
| ellos, ustedes prueban | *e-joß, uß-te-deß prue-wan* |

### *Nach der Farbe und der Größe fragen*

Im Bekleidungsgeschäft ist es hilfreich, wenn Sie nach **tallas** (*ta-jaß*; (Kleider-)Größen) und nach **colores** (*ko-lo-reß*; Farben) fragen können. Wählen Sie Ihre Lieblingsfarbe aus:

- ✔ **blanco** (*blang-ko*; weiß)
- ✔ **negro** (*ne-gro*; schwarz)
- ✔ **gris** (*griß*; grau)
- ✔ **rojo** (*rro-cho*; rot)
- ✔ **azul** (*a-thul*; blau)
- ✔ **verde** (*ber-de*; grün)
- ✔ **morado** (*mo-ra-do*; lila, violett)
- ✔ **marrón** (*ma-rron*; braun)
- ✔ **amarillo** (*a-ma-ri-jo*; gelb)
- ✔ **naranja** (*na-ran-cha*; orange)
- ✔ **rosa** (*rro-ßa*; rosa)

- **celeste** (*the-leß-te*; hellblau)
- **claro** (*kla-ro/a*; hell)
- **oscuro** (*oß-ku-ro/a*; dunkel)

Diese Sätze können Sie bei Ihrem Einkauf verwenden, wenn es um Farben geht:

- **No me gusta el color.** (*no me guß-ta el ko-lor*; Mir gefällt die Farbe nicht. )
- **¿Tiene esta falda en otros colores?** (*tie-ne eß-ta fal-da en o-troß ko-lo-reß*; Haben Sie diesen Rock in anderen Farben?)
- **¿Qué color busca?** (*ke ko-lor buß-ka*; Was für eine Farbe suchen Sie?)
- **¿Hay esta blusa en celeste?** (*ai eß-ta blu-ßa en the-leß-te*; Gibt es diese Bluse in Hellblau?)
- **Lo siento. La tenemos solo en rosa.** (*lo ßien-to la te-ne-moß ßo-lo en rro-ßa*; Tut mir leid. Wir haben sie nur in Rosa.)

So reden Sie mit der Verkäuferin über Kleidungsgrößen:

- **¿Qué talla tiene?** (*ke ta-ja tie-ne*; Was für eine Größe haben Sie?)
- **Treinta y seis.** (*trein-ta i ßeiß*; 36.)
- **Mi talla es treinta y ocho.** (*mi ta-ja eß trein-ta i o-tscho*; Meine Kleidergröße ist 38.)

- **Este pantalón me queda grande.** (*eß-te pan-ta-lon me ke-da gran-de*; Diese Hose ist mir zu groß.)
- **Prueba este.** (*prue-wa eß-te*; Probieren Sie diese an.)
- **El traje aprieta aquí.** (*el tra-che a-prie-ta a-ki*; Der Anzug kneift hier.)
- **¿Puede traerme una talla más grande?** (*pue-de tra-er-me u-na ta-ja maß gran-de*; Können Sie mir eine größere Größe bringen?)
- **Queda muy bien.** (*ke-da mui bien*; Es passt sehr gut.)

### Kleiner Wortschatz

| Spanisch | Aussprache | Deutsch |
|---|---|---|
| medir | *me-dir* | messen |
| la talla | *la ta-ja* | die Größe |
| el color | *el ko-lor* | die Farbe |
| quedar grande | *ke-dar gran-de* | zu groß sein |
| quedar bien | *ke-dar bien* | gut passen |
| apretar; aprieta | *a-pre-tar, a-prie-ta* | kneifen, drücken; (er, sie, es) kneift, drückt |
| apretado | *a-pre-ta-do* | eng |

### Kleidung für dich und mich

Diese Kleidungsstücke können Sie zum Beispiel finden – und kaufen:

- **la falda** (*la fal-da*; der Rock)
- **el pantalón** (*el pan-ta-lon*; die Hose)

- **los vaqueros** (*loß ba-ke-roß*; die Jeans)
- **el panti** (*el pan-ti*; die Strumpfhose)
- **los leggins** (*loß le-ginß*; die Leggins)
- **los calcetínes** (*loß kal-the-ti-neß*; die Socken)
- **los zapatos** (*loß tha-pa-toß*; die Schuhe)
- **las sandalias** (*laß ßan-da-liaß*; die Sandalen)
- **la camisa** (*la ka-mi-ßa*; das Hemd)
- **la camiseta** (*la ka-mi-ße-ta*; das Shirt)
- **la blusa** (*la blu-ßa*; die Bluse)
- **la chaqueta** (*la tscha-ke-ta*; die Jacke)
- **el traje** (*el tra-che*; der Anzug, das Kostüm)
- **la gorra** (*la go-rra*; die Kappe)
- **el sombrero** (*el ßom-bre-ro*; der Hut)

### Von Baumwolle bis Polyester

Suchen Sie warme Socken aus echter Schafswolle? Oder reagieren Sie allergisch auf synthetische Stoffe? Folgende Sätze helfen Ihnen, wenn Sie etwas über das Material wissen wollen:

- **¿Esta chaqueta es de pura lana?** (*eß-ta tscha-ke-ta eß de pu-ra la-na*; Ist diese Jacke aus reiner Schafswolle?)
- **No, es de lana con nylon.** (*no eß de la-na kon nai-lon*; Nein, sie ist aus Schafswolle und Nylon.)

- ✔ **¿La camisa es de puro algodón?** (*la ka-mi-ßa eß de pu-ro al-go-don;* Ist das Hemd aus reiner Baumwolle?)
- ✔ **No, es de algodón con poliéster.** (*no eß de al-go-don kon po-ließ-ter;* Nein, es ist aus Baumwolle und Polyester.)
- ✔ **Busco ropa de fibras naturales.** (*buß-ko rro-pa de fi-braß na-tu-ra-leß;* Ich suche Kleidung aus Naturfasern.)

### Kleiner Wortschatz

| | | |
|---|---|---|
| puro/a | *pu-ro/a* | rein |
| la lana | *la la-na* | die Wolle |
| el algodón | *el al-go-don* | die Baumwolle |
| la fibra natural | *la fi-bra na-tu-ral* | die Naturfaser |
| la tela sintética | *la te-la ßin-te-ti-ka* | der synthetische Stoff |

### *Für den Einkauf: Das Verb »comprar«*

**Comprar** (*kom-prar*) bedeutet kaufen und wird regelmäßig konjugiert (siehe Kapitel 2). So wenden Sie es an:

- ✔ **Compro este panti.** (*kom-pro eß-te pan-ti;* Ich kaufe diese Strumpfhose.)
- ✔ **Dónde compras estos collares hermosos?** (*don-de kom-praß eß-toß ko-ja-reß er-mo-ßoß;* Wo kaufst du diese schönen Halsketten?)
- ✔ **Cada lunes compramos verdura en el mercado.** (*ka-da lu-neß kom-pra-moß ber-du-ra en el mer-ka-do;* Jeden Montag kaufen wir Gemüse auf dem Markt.)

### Tragen und mitnehmen: Das Verb »llevar«

Wenn Sie etwas tragen, mitnehmen oder mitbringen, benutzen Sie im Spanischen das Verb **llevar** (*je-war*). **Llevo un pantalón** (*je-wo un pan-ta-lon*) kann demnach sowohl »Ich trage eine Hose« als auch »Ich bringe/nehme eine Hose mit« bedeuten. **Llevar** ist ein regelmäßiges Verb.

| Konjugation | Aussprache |
|---|---|
| yo llevo | *jo je-wo* |
| tú llevas | *tu je-waß* |
| él, ella, usted lleva | *el, e-ja, uß-ted je-wa* |
| nosotros llevamos | *no-ßo-troß je-wa-moß* |
| vosotros lleváis | *bo-ßo-troß je-waiß* |
| ellos, ustedes llevan | *e-joß, uß-te-deß je-wan* |

Hier einige Beispiele, wie Sie das Verb **llevar** verwenden können:

- ✔ **Me llevo esta camiseta.** (*me je-wo eß-ta ka-mi-ße-ta*; Ich nehme (mir) dieses T-Shirt mit.)
- ✔ **El vestido que llevas es bellísimo.** (*el beß-ti-do ke je-waß eß be-ji-ßi-mo*; Das Kleid, das du trägst, ist wunderschön.)
- ✔ **Llevo un regalo para ti.** (*je-wo un rre-ga-lo pa-ra ti*; Ich bringe dir ein Geschenk mit.)

## *Vergleiche: Gut, besser, am besten und mehr*

Im Spanischen werden Adjektive gesteigert, indem man ein **más** (*maß*; »mehr«) oder ein **el más** (*el maß*), also wörtlich »der mehr«, davor setzt.

Also: Möchten Sie **cansado** (*kan-ßa-do*; müde) steigern, sagen Sie **más cansado** (*maß kan-ßa-do*), also wörtlich »mehr müde«. Der Superlativ »am müdesten« ist dann **el más cansado** (*el maß kan-ßa-do*), wörtlich »der mehr müde«. Hier einige Beispiele für spanische Komparative und Superlative:

- ✔ **grande** (*gran-de*; groß)
- ✔ **más grande** (*maß gran-de*; größer)
- ✔ **el más grande** (*el maß gran-de*; am größten; der Größte)
- ✔ **pequeño** (*pe-ke-njo*; klein)
- ✔ **más pequeño** (*maß pe-ke-njo*; kleiner)
- ✔ **el más pequeño** (*el maß pe-ke-njo*; am kleinsten; der Kleinste)
- ✔ **caro** (*ka-ro*; teuer)
- ✔ **más caro** (*maß ka-ro*; teurer)
- ✔ **el más caro** (*el maß ka-ro*; am teuersten; der Teuerste)
- ✔ **barato** (*ba-ra-to*; billig)
- ✔ **más barato** (*maß ba-ra-to*; billiger)
- ✔ **el más barato** (*el maß ba-ra-to*; am billigsten; der Billigste)

Wie im Deutschen wird eines der am häufigsten gebrauchten Adjektive auch im Spanischen unregelmäßig gesteigert:

- **bueno** (*bue-no*; gut)
- **mejor** (*me-chor*; besser)
- **el mejor** (*el me-chor*) am besten; der Beste)

Bezieht sich der Superlativ auf ein feminines Substantiv, heißt es **la mejor**, bezieht er sich auf ein Substantiv im Plural, sagt man **las mejores** (femininum) oder **los mejores** (maskulinum). Hier ein paar Beispiele:

- **Esta casa es *la mejor*.** (*eß-ta ka-ßa eß la me-chor*; Dieses Haus ist am besten. *Oder:* Dieses Haus ist das beste.)
- **Estos zapatos son *los más baratos*.** (*eß-toß tha-pa-toß ßon loß maß ba-ra-toß*; Diese Schuhe sind am billigsten. *Oder:* Diese Schuhe sind die billigsten.)
- **Esta blusa es *la más pequeña*.** (*eß-ta blu-ßa eß la maß pe-ke-nja*; Diese Bluse ist am kleinsten. *Oder:* Diese Bluse ist die kleinste.)

### *Weitere Steigerungen: super-, duper- ...*

Die Endungen **-ísimo** und **-ísima** beziehungsweise im Plural **-ísimos** und **-ísimas** werden im Spanischen immer dann an ein Adjektiv angehängt, wenn etwas in hohem Maße zutrifft. Diese Steigerung heißt auch der *absolute Superlativ*. Im Deutschen könnte man an dieser Stelle zum Beispiel ein »sehr«, ein »total« oder aber ein »super-« vor das entsprechende Adjektiv setzen.

Hier einige Beispiele für die Verwendung dieser Steigerungen:

- ✔ **La película es buenísima.** (*la pe-li-ku-la eß bue-ni-ßi-ma*; Der Film ist supergut.)
- ✔ **La ciudad es grandísima.** (*la thiu-dad eß gran-di-ßi-ma*; Die Stadt ist riesig/sehr groß.)
- ✔ **El hotel es malísimo.** (*el o-tel eß ma-li-ßi-mo*; Das Hotel ist grottenschlecht.)
- ✔ **El postre está dulcísimo.** (*el poß-tre eß-ta dul-thi-ßi-mo*; Der Nachtisch ist supersüß.)

## Auf dem mercado (Markt) einkaufen

Auf spanischen Märkten finden Sie alles, was Ihr Herz begehrt: Den **mercado rural** (*mer-ka-do rru-ral*; Bauernmarkt) können Sie beispielsweise besuchen, um frische **frutas** (*fru-taß*; Obst) und **verduras** (*ber-du-raß*; Gemüse) aus der Region zu kaufen. Ungewöhnliche Objekte finden Sie hingegen auf einem **rastro** (*rraß-tro*; Trödelmarkt). Waren aller Art gibt es auf Spaniens **mercados semanales** (*mer-ka-doß ße-ma-na-leß*; Wochenmärkten). Hier herrscht keine Zurückhaltung: Viele Händler weisen mehr oder weniger lautstark auf ihre Ware hin oder machen Ihnen Angebote. Wenn Sie diese nicht annehmen wollen, können Sie einen der folgenden Sätze sagen:

- ✔ **Ya tengo, gracias.** (*ja teng-go gra-thiaß*; Davon habe ich schon, danke.)
- ✔ **No me interesa.** (*no me in-te-re-ßa*; Das interessiert mich nicht.)

- **Gracias pero no me gusta.** (*gra-thiaß pe-ro no me guß-ta*; Danke, aber es gefällt mir nicht.)

Wenn Ihnen hingegen etwas gefällt, wenden Sie sich so an den Händler:

- **Me gusta esto.** (*me guß-ta eß-to*; Das gefällt mir.)
- **Tomo esto.** (*to-mo eß-to*; Ich nehme das.)
- **¿Cuánto cuesta?** (*kuan-to kueß-ta*; Wie viel kostet es?)
- **Es demasiado caro.** (*eß de-ma-ßia-do ka-ro*; Das ist zu teuer.)

### Obst und Gemüse einkaufen

In Spanien gibt es viele frische **frutas** (*fru-taß*; Früchte), die lokal angebaut werden. Dieses Obst finden Sie auf einem spanischen Markt:

- **las cerezas** (*laß the-re-thaß*; die Kirschen)
- **las ciruelas** (*laß thi-rue-laß*; die Pflaumen)
- **el melocotón** (*el me-lo-ko-ton*; der Pfirsich)
- **los higos** (*loß i-goß*; die Feigen)
- **los higos chumbos** (*loß i-goß tschum-boß*; die Kaktusfeigen)
- **los membrillos** (*loß mem-bri-joß*; die Quitten)
- **las fresas** (*laß fre-ßaß*; die Erdbeeren)
- **la manzana** (*la man-tha-na*; der Apfel)
- **la pera** (*la pe-ra*; die Birne)

- ✔ **las uvas** (*laß u-waß*; die Weintrauben)
- ✔ **las guayabas** (*laß gua-ja-waß*; die Guaven)
- ✔ **las naranjas** (*laß na-ran-chaß*; die Orangen)
- ✔ **los limones** (*loß li-mo-neß*; die Zitronen)
- ✔ **la piña** (*la pi-nja*; die Ananas)
- ✔ **los dátiles** (*loß da-ti-leß*; die Datteln)
- ✔ **el melón/la sandía** (*el me-lon/la ßan-dia*; die Melone/die Wassermelone)
- ✔ **la papaya** (*la pa-pa-ja*; die Papaya)
- ✔ **los plátanos** (*loß pla-ta-noß*; die Bananen)
- ✔ **el mango** (*el mang-go*; die Mango)

Vielleicht wollen Sie aus folgenden **verduras** (*ber-du-raß*; Gemüse) ein Menü kochen:

- ✔ **el aguacate** (*el a-gua-ka-te*; die Avokado)
- ✔ **el ajo** (*el a-cho*; der Knoblauch)
- ✔ **el brócoli** (*el bro-ko-li*; der Brokkoli)
- ✔ **el calabacín** (*el ka-la-ba-thin*; die Zucchini)
- ✔ **la calabaza** (*la ka-la-ba-tha*; der Kürbis)
- ✔ **la cebolla** (*la the-bo-ja*; die Zwiebel)
- ✔ **la col** (*la kol*; der Kohl)
- ✔ **la coliflor** (*la ko-li-flor*; der Blumenkohl)

- **los espárragos** (*loß eß-pa-rra-goß*; die Spargel)
- **la espinaca** (*la eß-pi-na-ka*; der Spinat)
- **la lechuga** (*la le-tschu-ga*; der Salat)
- **las patatas** (*laß pa-ta-taß*; die Kartoffeln)
- **el pimiento** (*el pi-mien-to*; die Paprika)
- **la zanahoria** (*la tha-na-o-ria*; die Karotte, die Mohrrübe)

Und so kaufen Sie das Obst und das Gemüse:

- **¿Cuánto cuestan las naranjas?** (*kuan-to kueß-tan laß na-ran-chaß*; Wie viel kosten die Orangen?)
- **Dos euros las diez.** (*doß eu-roß laß dieth*; Zwei Euro für zehn.)
- **¿Y los aguacates?** (*i loß a-gua-ka-teß*; Und die Avocados?)
- **Ocho euros el kilo.** (*o-tscho eu-roß el ki-lo*; Acht Euro das Kilo.)
- **¡Es muy caro!** (*eß mui ka-ro*; Das ist sehr teuer!)

### *Fisch und Meeresfrüchte einkaufen*

Es ist unmöglich, alles aufzuzählen, was auf einem spanischen **mercado de pescado** (*mer-ka-do de peß-ka-do*; Fischmarkt) angeboten wird. Diese Wörter helfen Ihnen beim Einkauf:

- **el pescado** (*el peß-ka-do*; der Fisch)
- **las gambas** (*laß gam-baß*; die Garnelen)
- **el congrio** (*el kon-grio*; der Meeraal)

- **el cangrejo** (*el kang-gre-cho*; der Krebs)
- **el calamar** (*el ka-la-mar*; der Tintenfisch)
- **el bacalao** (*el ba-ka-la-o*; der Kabeljau)
- **el langostino** (*el lang-goß-ti-no*; die Riesengarnele)
- **los mariscos** (*los ma-riß-koß*; die Meeresfrüchte)
- **la trucha** (*la tru-tscha*; die Forelle)

**Pescado** (*peß-ka-do*) ist der zum Essen gedachte Fisch. Wortwörtlich bedeutet **el pescado** nämlich »der Gefischte«. Der lebendige Fisch im Wasser heißt hingegen **pez** (*peth*).

So kaufen Sie zum Beispiel Fisch:

- **¿Cuánto cuesta el pescado?** (*kuan-to kueß-ta el peß-ka-do*; Wie viel kostet der Fisch?)
- **Diez euros el kilo.** (*dieth eu-roß el ki-lo*; Zehn Euro das Kilo.)
- **Lo quiero fileteado, sin espinas.** (*lo kie-ro fi-le-te-a-do ßin eß-pi-naß*; Ich hätte ihn gerne filetiert, ohne Gräten.)

### *Menge und Gewicht – wie viel Sie kaufen wollen*

Ob Sie nun Fisch, Orangen oder Kartoffeln einkaufen wollen – Sie müssen wissen, wie viel Sie davon nehmen. Hier einige typische Ausdrücke für Mengen in Spanien:

- **un litro de leche** (*un li-tro de le-tsche*; ein Liter Milch)
- **un kilo de manzanas** (*un ki-lo de man-tha-naß*; ein Kilogramm Äpfel)

- **dos kilos de tomates** (*doß ki-loß de to-ma-teß*; zwei Kilogramm Tomaten)
- **cien gramos de mariscos** (*thien gra-moß de ma-riß-koß*; hundert Gramm Meeresfrüchte)
- **una docena de huevos** (*u-na do-the-na de ue-woß*; ein Dutzend Eier)
- **media docena** (*me-dia do-the-na*; ein halbes Dutzend)
- **una cincuentena de boquerones** (*u-na thing-kuen-te-na de bo-ke-ro-neß*; fünfzig (Stück) Sardellen)

### Kleiner Wortschatz

| Spanisch | Aussprache | Deutsch |
|---|---|---|
| costar | *koß-tar* | kosten (Preis) |
| cuesta | *kueß-ta* | er/sie/es kostet |
| pagar | *pa-gar* | bezahlen |
| de | *de* | von |

### *Im supermercado*

Neben frischem Obst und Gemüse vom Markt benötigen Sie vielleicht noch einige Zutaten aus dem **supermercado** (*ßu-per-mer-ka-do*; Supermarkt). Hier einige Wörter und Ausdrücke, die Sie brauchen können:

- **el arroz** (*el a-rroth*; der Reis)
- **el atún** (*el a-tun*; der Thunfisch)
- **la pasta** (*la paß-ta*; die Nudeln)

- ✔ **los cereales** (*loß the-re-a-leß*; die Getreideflocken (fürs Frühstück))
- ✔ **las galletas** (*laß ga-je-taß*; die Kekse)
- ✔ **la leche** (*la le-tsche*; die Milch)
- ✔ **el queso** (*el ke-ßo*; der Käse)
- ✔ **la mermelada** (*la mer-me-la-da*; die Marmelade)
- ✔ **la miel** (*la miel*; der Honig)
- ✔ **el vino** (*el bi-no*; der Wein)

## Wahre Fundgruben: Was Sie erstehen können

Nach einem **paseo por el mercado** (*pa-ße-o por el mer-ka-do*; Bummel über den Markt) ist es immer wieder eine Überraschung, was man hinterher in den Händen hält. In Spanien könnten Sie zum Beispiel folgende Utensilien mit auf den Heimweg nehmen:

- ✔ **Una mantilla con flores de Granada.** (*u-na man-ti-ja kon flo-reß de gra-na-da*; Ein geblümtes Kopftuch aus Granada.)
- ✔ **Una florero de cristal de las islas baleares.** (*un flo-re-ro de kriß-tal de laß is-laß ba-le-a-reß*; Eine Glasvase von den balearischen Inseln.)
- ✔ **Un escritorio hecho a mano de Valencia.** (*un eß-kri-to-rio e-tscho a ma-no de ba-len-thia*; Einen handgearbeiteten Schreibtisch aus Valencia.)

- **Un oso de peluche enorme con solo un ojo para su hija.** (*un o-ßo de pe-lu-tsche e-nor-me kon ßo-lo un o-cho pa-ra ßu i-cha*; Einen riesigen Stoffteddy mit nur einem Auge für Ihre Tochter.)

*Auf Schnäppchenjagd*

Je früher Sie sich morgens auf den Weg machen, desto bessere Chancen haben Sie, auf dem Markt **una ganga** (*u-na gan-ga*; ein Schnäppchen) zu machen. Vor allem auf Antik- und Trödelmärkten ist nun Feilschen angesagt! Sehen Sie das Handeln als Spiel, an dem sowohl Händler als auch Käufer ihre Freude haben. Mit dieser Einstellung können Sie viel Spaß beim Einkaufen haben.

Hier die Grundlagen zum Feilschen:

- **¿Cuánto cuesta?** (*kuan-to kueß-ta*; Wie viel kostet es?)
- **¿Cuánto vale?** (*kuan-to ba-le*; Wie viel ist es wert?)
- **¿Tiene otras/otros más baratas/os?** (*tie-ne o-traß/o-troß maß ba-ra-taß/oß*; Haben Sie andere (f./m.), billigere?
- **Es barato.** (*eß ba-ra-to*; Es ist billig/preiswert.)
- **Es demasiado caro.** (*eß de-ma-ßia-do ka-ro*; Es ist zu teuer.)
- **¿A treinta?** (*a trein-ta*; Für dreißig?)
- **No puedo. Cuarenta. Último precio.** (*no pue-do kua-ren-ta ul-ti-mo pre-thio*; Das kann ich nicht. (*wörtlich*: Nicht (ich) kann.) Vierzig. Mein letztes Angebot. (*wörtlich*: Letzter Preis.))

- ✔ **Bueno, me lo llevo.** (*bue-no me lo je-wo*; Gut, ich nehme es mit.)

*Kunsthandwerk einkaufen*

Je nach Region sind einzelne **artesanías** (*ar-te-ßa-niaß*; Kunstgewerbe) von besonders hoher Qualität. Wenn Sie zum Beispiel den spanischen Tanz lieben – vielleicht sogar einen Flamencokurs besuchen – ist sicher Andalusien für Sie die Region der Wahl. Hier finden Sie alle Textilien, die Ihr Herz begehrt:

- ✔ **vestidos de flamenco** (*beß-ti-doß de fla-meng-ko*; Flamencokleider)
- ✔ **trajes tradicionales** (*tra-cheß tra-di-thio-na-leß*; traditionelle Kleidung, Trachten)
- ✔ **bordados** (*bor-da-doß*; Stickereien)
- ✔ **mantones de Manila** (*man-to-neß de ma-ni-la*; bestickte Seidenschals)
- ✔ **mantillas de Granada** (*man-ti-jaß de gra-na-da*; Kopftücher aus Granada)
- ✔ **castañuelas** (*kaß-ta-njue-laß*; Kastagnetten, die Begleitung für alle Flamencotänzer)

Hier ein paar Sätze für Ihren Einkauf von Kunsthandwerk:

- ✔ **¿Dónde venden objetos de cerámica?** (*don-de ben-den ob-che-toß de the-ra-mi-ka*; Wo verkaufen Sie Keramikgegenstände?)
- ✔ **Busco objetos de cuero.** (*buß-ko ob-che-toß de kue-ro*; Ich suche Lederarbeiten.)

- **Allí hay canastas hechas a mano.** (*a-ji ai ka-naß-taß e-tschaß a ma-no*; Dort gibt es handgemachte Körbe.)
- **¿Tiene vestidos de flamenco para niños?** (*tie-ne beß-ti-doß de fla-meng-ko pa-ra ni-njoß*; Haben Sie Flamencokleider für Kinder?)
- **¿Cuánto cuestan las espandrillos?** (*kuan-to kueß-tan loß eß-pan-dri-joß*; Wie viel kosten die Espandrillos (aus Agavenfasern geflochtene Sandalen)?)
- **He comprado una canasta de esparto.** (*e kom-pra-do u-na ka-naß-ta de eß-par-to*; Ich habe einen Korb aus Esparto-Gras gekauft.)

Wenn Sie Nummern und Preise zuordnen müssen, hilft Ihnen Kapitel 3 weiter.

### *Kleiner Wortschatz*

| Spanisch | Aussprache | Deutsch |
|---|---|---|
| el cuero | *el kue-ro* | das Leder |
| la madera | *la ma-de-ra* | das Holz |
| la alfombra | *la al-fom-bra* | der Teppich |
| la canasta | *la ka-naß-ta* | der Korb |
| el vestido | *el beß-ti-do* | das Kleid |
| hecho a mano | *e-tscho a ma-no* | handgemacht |
| hecho de esparto | *e-tscho de eß-par-to* | aus Esparto-Gras gemacht |

# Freizeit und Freunde 7

*In diesem Kapitel*

- ✔ Jemanden einladen, ausgehen und feiern
- ✔ Ins Kino, ins Theater oder ins Museum gehen
- ✔ Landschaften zu Fuß erkunden
- ✔ Tiere und Pflanzen
- ✔ Über Sport und andere Interessen reden

Nicht nur an **días festivos** (*diaß feß-ti-woß*; Feiertagen) werden Sie in Spanien kulturell viel erleben, sei es im Kino, im Theater, bei einem Volksfest oder auf einem Konzert. Grundsätzlich gilt: Fast jeder Tag bietet einen Anlass zu feiern, Freunde und Verwandte zu treffen und das Leben zu genießen. Welcher Art auch immer die Feierlichkeiten sind – in Spanien stehen der Genuss und die Geselligkeit im Vordergrund.

Auch Sport hat in der Freizeit vieler junger Spanier einen hohen Stellenwert.

In diesem Kapitel erfahren Sie, wie Sie sich mit Spaniern verabreden, kulturelle Veranstaltungen besuchen oder gemeinsam Sport treiben und die Natur genießen.

## Land und Leute richtig kennenlernen

**Cultura** (*kul-tu-ra*; Kultur) ist nicht nur das, was Sie in einem klassischen Konzert erleben können, sondern auch, auf welche Art und Weise Menschen in einem Land oder in einer Region jeden Tag leben und ihr Leben gestalten. Um da zu sein, wo das Leben spielt, verabreden Sie sich am besten mit Spaniern, die sich auskennen. Diese Sätze helfen Ihnen dabei:

- **¿Dónde nos encontramos?** (*don-de noß en-kon-tra-moß*; Wo treffen wir uns? *Wörtlich*: Wo uns (wir) treffen?)
- **¿A qué hora?** (*a ke o-ra*; Um wie viel Uhr?)
- **¿Cuándo comienza la fiesta?** (*kuan-do ko-mien-tha la fieß-ta*; Wann fängt die Party an?)
- **¿A qué hora acaba el concierto?** (*a ke o-ra a-ka-wa el kon-thier-to*; Um wie viel Uhr endet das Konzert?)
- **A las diez de la noche.** (*a laß dieth de la no-tsche*; Um 10 Uhr abends.)

### Kleiner Wortschatz

| Spanisch | Aussprache | Deutsch |
|---|---|---|
| comenzar | *ko-men-thar* | anfangen |
| comienza | *ko-mien-tha* | er/sie/es fängt an |
| muy | *mui* | sehr |
| acabar | *a-ka-war* | aufhören |
| hasta | *aß-ta* | bis |
| encontrarse | *en-kon-trar-ße* | sich treffen |
| nos encontramos | *noß en-kon-tra-moß* | wir treffen uns |

## Jemanden einladen: Das Verb »invitar«

Spanier sind in der Regel sehr gesellig und gehen gerne mit dem gesamten Freundeskreis gleichzeitig aus. Sie können damit rechnen, recht bald zu einem gemeinsamen Abend eingeladen zu werden.

**Invitar** (*in-bi-tar*; einladen) wird wie alle regelmäßigen Verben auf **–ar** konjugiert (siehe Konjugationstabellen in Kapitel 2). Diese Sätze helfen Ihnen Einladungen zu verstehen:

- ✔ **Te invito al teatro.** (*te in-bi-to al te-a-tro*; Ich lade dich ins Theater ein.)
- ✔ **Nos invitan a bailar.** (*noß in-bi-tan a bai-lar*; Sie laden uns zum Tanzen ein.)
- ✔ **Invitan a todos a la fiesta.** (*in-bi-tan a to-doß a la fieß-ta*; Sie laden alle zur Party ein.)
- ✔ **Voy a invitarlos al concierto.** (*boi a in-bi-tar-loß al kon-thier-to*; Ich werde sie ins Konzert einladen.)

Ist Ihnen das **a** aufgefallen? **Invitar** wird häufig mit **a** (*a*; zu) verwendet – es wird zum Beispiel *zu* einer Party eingeladen. Ist das nachfolgende Wort maskulin, ziehen Sie das **a** und den bestimmten maskulinen Artikel **el** zu **al** zusammen, zum Beispiel **invitar al concierto** (*in-bi-tar al kon-thier-to*; zum Konzert einladen).

### *Tanzen gehen: Das Verb »bailar«*

Vielleicht kommt Ihnen dieses Verb schon bekannt vor: In spanischen Popsongs geht es nämlich nicht nur um die Liebe, sondern auch oft ums Tanzen! **Bailar** (*bai-lar*; tanzen) ist ein regelmäßiges Verb. Diese Sätze helfen Ihnen weiter, wenn Sie tanzen wollen (oder nicht):

- ✔ **¿Bailas salsa?** (*bai-laß ßal-ßa*; Tanzt du Salsa?)
- ✔ **La/lo invito a bailar.** (*la/lo in-bi-to a bai-lar*; Ich lade Sie (eine Frau/einen Mann) zum Tanzen ein.)

- **Bailamos toda la noche.** (*bai-la-moß to-da la no-tsche*; Wir tanzen die ganze Nacht.)
- **Bailo hasta la mañana.** (*bai-lo aß-ta la ma-nja-na*; Ich tanze bis zum Morgen.)
- **No me gusta bailar.** (*no me guß-ta bai-lar*; Ich tanze nicht gerne. *Wörtlich:* Nicht mir gefällt tanzen.)

## Kulturelle Veranstaltungen

Nicht nur im Gespräch, sondern auch auf Veranstaltungen aller Art können Sie eine Sprache üben – ob im **teatro** (*te-a-tro*; Theater), in der **ópera** (*o-pe-ra*; Oper) oder im **cine** (*thi-ne*; Kino). Wenn sich die Gelegenheit bietet, **fiestas** (*fieß-taß*; Feste) zu besuchen oder lokale Feiertage zu begehen, sollten Sie diese unbedingt nutzen.

Folgende Sätze können Sie verwenden, wenn Sie zu einer kulturellen Veranstaltung eingeladen werden:

- **¡Vengo con mucho gusto!** (*beng-go kon mu-tscho guß-to*; Ich komme sehr gerne!)
- **Voy a buscarte a las ocho.** (*boi a buß-kar-te a laß o-tscho*; Ich hole dich um acht ab. *Wörtlich*: Ich gehe dich um acht suchen.)
- **¡Qué pena, hoy no puedo!** (*ke pe-na oi no pue-do*; Wie schade! Heute kann ich nicht!)

*Ein Konzert in der Stadt*

Mit Freunden wollen Sie ein Konzert besuchen. So können Sie Eintrittskarten kaufen:

- ✔ **Dos entradas para la matiné, por favor.** (*doß en-tra-daß pa-ra la ma-ti-ne por fa-wor*; Zwei Karten für die Matinee, bitte.)
- ✔ **Las entradas para la matiné están agotadas.** (*laß en-tra-daß pa-ra la ma-ti-ne eß-tan a-go-ta-daß*; Die Karten für die Matinee sind ausverkauft.)
- ✔ **Una entrada para este domingo por favor.** (*u-na en-tra-da pa-ra eß-te do-ming-go por fa-wor*; Eine Karte für diesen Sonntag, bitte.)
- ✔ **Lo siento. Este concierto se ha cancelado.** (*lo ßien-to eß-te kon-thier-to ße a kan-the-la-do*; Es tut mir leid. Dieses Konzert wurde abgesagt.)

Wenn Sie Glück haben, kennen Sie einige **músicos** (*mu-ßi-koß*; Musiker), die Ihre Lieblingsmusik spielen. So unterhalten Sie sich über ein bevorstehendes Konzert:

- ✔ **Mañana hay un concierto de violín con piano. La entrada es libre.** (*ma-nja-na ai un kon-thier-to de bio-lin kon pia-no la en-tra-da eß li-bre*; Morgen gibt es ein Konzert für Geige und Klavier. Der Eintritt ist frei.)
- ✔ **¿Quién toca?** (*kien to-ka*; Wer spielt?)
- ✔ **Nuestros amigos Luísa y Fernando.** (*nueß-troß a-mi-goß lui-ßa i fer-nan-do*; Unsere Freunde Luisa und Fernando.)

- **¿Cuál es el programa?** (*kual eß el pro-gra-ma*; Was steht auf dem Programm? *Wörtlich:* Was ist das Programm?)
- **Un concierto de Alberto Ginastera y otro de Paul Hindemith.** (*un kon-thier-to de al-ber-to chi-naß-te-ra i o-tro de paul hin-de-mit*; Ein Konzert von Alberto Ginastera und ein anderes von Paul Hindemith.)

### Kleiner Wortschatz

| Spanisch | Aussprache | Deutsch |
|---|---|---|
| agotado/a | *a-go-ta-do/a* | ausverkauft, erschöpft |
| la entrada | *la en-tra-da* | der Eintritt, die Eintrittskarte |
| la matiné | *la ma-ti-ne* | die Matinee |
| cancelar | *kan-the-lar* | absagen |
| mañana | *ma-nja-na* | morgen |
| libre | *li-bre* | frei, kostenlos |
| tocar | *to-kar* | (ein Instrument) spielen; berühren |
| el programa | *el pro-gra-ma* | das Programm |

#### *Im Kino*

So verabreden Sie sich zum Kino:

- **Si quieres, vamos al cine.** (*ßi kie-reß ba-moß al thi-ne*; Wenn du willst, gehen wir ins Kino.)
- **¿Qué dan hoy?** (*ke dan oi*; Was läuft heute? *Wörtlich*: Was geben Sie heute?)
- **Veamos la cartelera ...** (*be-a-moß la kar-te-le-ra*; Schauen wir ins Tagesprogramm ...)
- **Esta película me gusta.** (*eß-ta pe-li-ku-la me guß-ta*; Dieser Film gefällt mir.)

### Kleiner Wortschatz

| Spanisch | Aussprache | Deutsch |
|---|---|---|
| el cine | *el thi-ne* | das Kino |
| la película | *la pe-li-ku-la* | der Film |
| hoy | *oi* | heute |
| la cartelera | *la kar-te-le-ra* | das Tagesprogramm |
| me gusta | *me guß-ta* | er/sie/es gefällt mir |

### Ein Besuch im Theater

Der Besuch eines klassischen Stücks im **teatro** (*te-a-tro*; Theater) hat einen unbestreitbaren Vorteil: Nirgendwo sonst werden Sie ein so klar und deutlich gesprochenes Spanisch hören. So reden Sie übers Theater:

- ✔ **¿Te gusta ir al teatro?** (*te guß-ta ir al te-a-tro*; Gehst du gerne ins Theater? *Wörtlich:* Dir gefällt gehen ins Theater?)
- ✔ **¡Hoy dan una obra de un dramaturgo chileno!** (*oi dan u-na o-bra de un dra-ma-tur-go tschi-le-no*; Heute führen sie das Stück eines chilenischen Dramaturgen auf.)
- ✔ **Los actores son excelentes.** (*loß ak-to-reß ßon eß-the-len-teß*; Die Schauspieler sind ausgezeichnet.)
- ✔ **Me encanta esta actriz.** (*me en-kan-ta eß-ta ak-trith*; Ich liebe diese Schauspielerin.)
- ✔ **Tenemos que comprar las entradas pronto.** (*te-ne-moß ke kom-prar laß en-tra-daß pron-to*; Wir müssen die Karten bald kaufen.)
- ✔ **¿En qué fila te gusta ir?** (*en ke fi-la te guß-ta ir*; In welcher Reihe möchtest du sitzen (*wörtlich*: gehen)?)

- **Intentaré encontrar buenas butacas.** (*in-ten-ta-re en-kon-trar bue-naß bu-ta-caß*; Ich werde versuchen, gute Parkettplätze zu bekommen.)

### Kleiner Wortschatz

| Spanisch | Aussprache | Deutsch |
|---|---|---|
| la obra | *la o-bra* | das Stück, das Werk |
| el actor/la actriz | *el ak-tor/la ak-trith* | der Schauspieler/ die Schauspielerin |
| me encanta | *me en-kan-ta* | ... gefällt mir; ich liebe ... |
| pronto | *pron-to* | schnell, bald, früh |
| la fila | *la fi-la* | die Reihe |
| la butaca | *la bu-ta-ka* | der Parkettplatz |

### Auf in den Kampf, Torero

Die traditionellen Stierkämpfe sind auch in Spanien umstritten. So reden Sie darüber:

- **¿Te gustan las corridas de toros?** (*te guß-tan laß ko-rri-daß de to-roß*; Magst du Stierkämpfe? *Wörtlich*: Dir gefallen die Stierkämpfe?)
- **No, no me gustan. Me da pena por los toros.** (*no no me guß-tan me da pe-na por loß to-roß*; Nein, ich mag sie nicht. Mir tun die Stiere leid.)
- **En Cataluña discuten la prohibición de los toreos.** (*en ka-ta-lun-ja diß-ku-ten la pro-i-bi-thion de loß to-re-oß*; In Katalonien diskutieren sie ein (*wörtlich*: das) Stierkampfverbot.)

- **¡Vamos a visitar la plaza de toros! Es un edificio impresionante.** (*ba-moß a bi-ßi-tar la pla-tha de to-roß eß un e-di-fi-thio im-pre-ßio-nan-te*; Lass uns die Stierkampfarena besuchen! Es ist ein beeindruckendes Gebäude.)
- **Quizás veremos a algún torero.** (*ki-thaß be-re-moß al-gun to-re-ro*; Vielleicht werden wir einen (*wörtlich*: irgendeinen) Stierkämpfer sehen.)

## Erholung in der Natur

Am Wochenende zieht es viele Spanier aus den Städten hinaus in die freie **naturaleza** (*na-tu-ra-le-tha*; Natur). Beliebt sind **al aire libre** (*al ai-re li-bre*; im Freien *wörtlich:* an der freien Luft) nicht nur Spaziergänge und natürlich **el bañarse en el mar** (*el ba-njar-ße en el mar*; das Baden im Meer), sondern auch Bergsteigen, Mountainbiken und **escalar** (*eß-ka-lar*; Klettern) in einem der zahlreichen eindrucksvollen Gebirge, zum Beispiel in den Pyrenäen oder in der **Sierra Nevada** (*ßie-rra ne-wa-da*; *wörtlich* »der verschneite Gebirgszug«).

### Einen Spaziergang machen

Ein **paseo** (*pa-ße-o*; Spaziergang) kann durchaus auch ein längerer Rundweg oder sogar eine Wanderung sein – Hauptsache man ist **a pie** (*a pie*; zu Fuß) unterwegs. Dazu gehört natürlich auch ein **picnic** (*pik-nik*; Picknick). So sprechen Sie über Ihren nächsten Spaziergang und übers Wandern:

- **Me gusta dar un paseo.** (*me guß-ta dar un pa-ße-o*; Ich gehe gerne spazieren. *Wörtlich*: Mir gefällt geben einen Spaziergang.)

- **¿Llevas algo para hacer un picnic?** (*je-waß al-go pa-ra a-ther un pik-nik*; Hast du etwas dabei, um ein Picknick zu machen?)
- **¿Quieres pasear conmigo?** (*kie-reß pa-ße-ar kon-mi-go*; Möchtest du mit mir spazieren gehen?)
- **De todos los paseos me gusta más el de montaña.** (*de to-doß loß pa-ße-oß me guß-ta maß el de mon-ta-nja*; Von allen Ausflügen (*wörtlich*: Spaziergängen) gefällt mir der in den Bergen am besten.)
- **¿Eres alpinista?** (*e-reß al-pi-niß-ta*; Bist du Bergsteiger?)
- **No, alpinista no, pero me gusta escalar.** (*no al-pi-niß-ta no pe-ro me guß-ta eß-ka-lar*; Nein, Bergsteiger nicht, aber ich klettere gerne (*wörtlich:* mir gefällt klettern).)

### Kleiner Wortschatz

| Spanisch | Aussprache | Deutsch |
|---|---|---|
| escalar | *eß-ka-lar* | klettern |
| la montaña | *la mon-ta-nja* | der Berg, das Gebirge |
| el/la alpinista | *el/la al-pi-niß-ta* | der/die Bergsteiger/in |
| me gusta | *me guß-ta* | er/sie/es gefällt mir; ich ... gerne |

#### Tiere aller Art kennenlernen

Mit diesen Sätzen können Sie sich über Ihre Tierbeobachtungen austauschen:

- **En el paseo he visto muchas ardillas.** (*en el pa-ße-o e biß-to mu-tschaß ar-di-jaß*; Auf dem Spaziergang habe ich viele Eichhörnchen gesehen.)

✔ **En la playa vemos gaviotas.** (*en la pla-ja be-moß ga-wio-taß*; Am Strand sehen wir Möwen.)

✔ **En las montañas pudimos ver buitres.** (*en laß mon-ta-njaß pu-di-moß ber bui-treß*; In den Bergen konnten wir Geier sehen.)

✔ **Aquí hay muchísimas mariposas.** (*a-ki ai mu-tschi-ßi-maß ma-ri-po-ßaß*; Hier gibt es extrem viele Schmetterlinge.)

✔ **En la montaña hay serpientes.** (*en la mon-ta-nja ai ßer-pien-teß*; Im Gebirge gibt es Schlangen.)

✔ **En el lago hemos visto patos silvestres.** (*en el la-go e-moß biß-to pa-toß ßil-weß-treß*; Auf dem See haben wir Wildenten gesehen.)

## Kleiner Wortschatz

| Spanisch | Aussprache | Deutsch |
|---|---|---|
| la ardilla | *la ar-di-ja* | das Eichhörnchen |
| la gaviota | *la ga-wio-ta* | die Möwe |
| el buitre | *el bui-tre* | der Geier |
| el pájaro | *el pa-cha-ro* | der Vogel |
| la mariposa | *la ma-ri-po-ßa* | der Schmetterling |
| el pato | *el pa-to* | die Ente |
| la serpiente | *la ßer-pien-te* | die Schlange |
| ver; visto | *ber, biß-to* | sehen; gesehen |
| hay | *ai* | es gibt |

## *Sport in Spanien*

### *Fußball und andere Ballspiele*

**El fútbol** (*el fut-bol*; das Fußballspiel) ist der beliebteste **deporte** (*de-por-te*; Sport) Spaniens. Am Abend werden **Real Madrid** (*rre-al ma-drid*; *wörtlich*: Königlicher Madrid), der **FC Barcelona** oder der **FC Valencia** und tausend kleinere Vereine im Fernsehen angefeuert, am Wochenende werden die **partidos** (*par-ti-doß*; Spiele) dann wahlweise auf dem Fußballfeld oder im Park nachgespielt – beinahe.

So reden Sie über das Thema Nr.1:

- ✔ **Me gusta ver fútbol.** (*me guß-ta ber fut-bol*; Ich sehe gerne Fußball.)
- ✔ **¿Cuál equipo te gusta más?** (*kual e-ki-po te guß-ta maß*; Welche Mannschaft magst du lieber?)
- ✔ **Soy aficionado del Atlético Madrid.** (*ßoi a-fi-thio-na-do del at-le-ti-ko ma-drid*; Ich bin Atlético-Madrid-Fan.)
- ✔ **¿Ganaron el último partido?** (*ga-na-ron el ul-ti-mo par-ti-do*; Haben sie das letzte Spiel gewonnen?)
- ✔ **No, perdieron.** (*no per-die-ron*; Nein, sie haben verloren.)
- ✔ **¿Te gustan los jugadores de la defensa?** (*te guß-tan loß chu-ga-do-reß de la de-fen-ßa*; Magst du die Abwehrspieler?)
- ✔ **¿Y los centro delanteros?** (*i loß then-tro de-lan-te-roß*; Und die Mittelstürmer?)

### Kleiner Wortschatz

| Spanisch | Aussprache | Deutsch |
|---|---|---|
| el arquero | *el ar-ke-ro* | der Torwart |
| el campo de juego | *el kam-po de chue-go* | das Spielfeld |
| el partido de fútbol | *el par-ti-do de fut-bol* | das Fußballspiel |
| la defensa | *la de-fen-ßa* | die Abwehr |
| los delanteros | *loß de-lan-te-roß* | die Stürmer |
| el equipo | *el e-ki-po* | die Mannschaft |
| el estadio | *el eß-ta-dio* | das Stadion |
| ganar | *ga-nar* | gewinnen |
| perder | *per-der* | verlieren |
| el gol | *el gol* | das Tor |
| el aficionado | *el a-fi-thio-na-do* | der Fan |
| el jugador | *el chu-ga-dor* | der Spieler |

Neben Fußball sind auch diese Ballspiele beliebt:

- ✔ **balonmano** (*ba-lon-ma-no*; Handball)
- ✔ **baloncesto** (*ba-lon-theß-to*; Basketball)
- ✔ **tenis** (*te-niß*; Tennis)
- ✔ **béisbol** (*beiß-bol*; Baseball)

So verabreden Sie sich zum Tennisspielen und zu anderen Ballspielen:

- ✔ **Mañana voy a jugar al tenis.** (*ma-nja-na boi a chu-gar al te-niß*; Morgen werde ich Tennis spielen.)
- ✔ **¡Vamos juntos!** (*ba-moß chun-toß*; Lass uns zusammen gehen!)

- **¡Hacemos un juego de dobles mixto!** (*a-the-moß un chue-go de do-bleß miß-to*; Lass uns ein gemischtes Doppel spielen! (*Wörtlich*: Machen wir ein gemischtes Doppelspiel!))
- **¿Jugamos béisbol hoy?** (*chu-ga-moß beiß-bol oi*; Spielen wir heute Baseball?)
- **Juega mejor que hace un mes.** (*chue-ga me-chor ke a-the un meß*; Er/Sie spielt besser als vor einem Monat.)
- **¿Juegas al fútbol?** (*chue-gaß al fut-bol*; Spielst du Fußball?)

### Kleiner Wortschatz

| Spanisch | Aussprache | Deutsch |
|---|---|---|
| el juego | *el chue-go* | das Spiel, der Satz (beim Tennisspiel) |
| jugar | *chu-gar* | spielen |
| hacer; hace | *a-ther, a-the* | machen; er/sie/es macht |
| hace | *a-the* | vor (*mit Zeitangabe*) |

### Spielen: Das Verb jugar

Ob es um Brettspiele, Kinderspiele oder Sport geht: Das Verb **jugar** (*chu-gar*) können Sie in sehr vielen Situationen verwenden. Leider ist es unregelmäßig: Meistens wird aus dem Stamm **jug-** ein **jueg-**. Wie Sie das Verb konjugieren, sehen Sie in der folgenden Tabelle:

| Konjugation | Aussprache |
| --- | --- |
| yo juego | *jo chue-go* |
| tú juegas | *tu chue-gaß* |
| él, ella, usted juega | *el, e-ja, uß-ted chue-ga* |
| nosotros jugamos | *no-ßo-troß chu-ga-moß* |
| vosotros jugáis | *bo-ßo-troß chu-gaiß* |
| ellos, ustedes juegan | *e-joß, uß-te-deß chue-gan* |

### *Im und auf dem Wasser*

Spanien hat mit fast 5000 Kilometern **costa** (*koß-ta*; Küste) ideale Bedingungen für Wassersportler – ob sie nun gerne schwimmen, surfen oder segeln. Hier ein paar Sätze:

- ✔ **¿Cuándo vas a nadar?** (*kuan-do baß a na-dar*; Wann gehst du schwimmen?)
- ✔ **¿Qué estilo nadas?** (*ke eß-ti-lo na-daß*; Welchen Schwimmstil schwimmst du?)
- ✔ **Nado principalmente pecho, pero tambien a crol y de espalda.** (*na-do prin-thi-pal-men-te pe-tscho pe-ro tam-bien a krol i de eß-pal-da*; Ich schwimme hauptsächlich Brust, aber auch Kraulstil und Rücken.)
- ✔ **¿Sabes navegar a vela?** (*ßa-weß na-we-gar a be-la*; Kannst du segeln?)
- ✔ **¿Conoces la costa de Croacia?** (*ko-no-theß la koß-ta de kro-a-thia*; Kennst du die kroatische Küste?)
- ✔ **Es la región más bella del mundo para navegar a vela.** (*eß la rre-chion maß be-ja del mun-do pa-ra na-we-gar a be-*

*la*; Es ist das schönste Segelrevier der Welt. *Wörtlich*: Es ist die schönste Region der Welt zum Segeln.)

Wenn Sie eher wasserscheuer Natur sind, sollten Sie folgende Sätze kennen:

- **No me gusta nadar.** (*no me guß-ta na-dar*; Ich schwimme nicht gerne.)
- **No nado muy bien.** (*no na-do mui bien*; Ich schwimme nicht sehr gut.)

### Kleiner Wortschatz

| Spanisch | Aussprache | Deutsch |
|---|---|---|
| el estilo | *el eß-ti-lo* | der Stil |
| nadar a crol | *na-dar a krol* | kraulen |
| nadar de espalda | *na-dar de eß-pal-da* | rückenschwimmen |
| nadar pecho | *na-dar pe-tscho* | brustschwimmen |
| la costa | *la koß-ta* | die Küste |
| navegar a vela | *na-we-gar a be-la* | segeln |
| el velero | *el be-le-ro* | das Segelboot |

# Arbeit und Beruf 8

*In diesem Kapitel*

- ✔ Den Arbeitsort beschreiben
- ✔ Sich im Arbeitsalltag zurechtfinden
- ✔ Telefonieren und sich am Telefon verabreden

In diesem Kapitel beschäftigen Sie sich mit allem, was die Arbeit angeht: mit dem Büro, der Jobsuche, dem Meeting und mit dem Telefonat.

## Büros und andere Gebäude

Wenn Sie über Ihre Arbeit reden, beschreiben Sie vielleicht zunächst, wo sich Ihr Büro, Ihre Werkstatt oder Ihr Atelier befindet. Zum Beispiel in einem der folgenden Gebäude:

- ✔ **un edificio de oficinas** (*un e-di-fi-thio de o-fi-thi-naß*; ein Bürogebäude)
- ✔ **un edificio de varios pisos** (*un e-di-fi-thio de ba-rioß pi-ßoß*; ein mehrstöckiges Gebäude)
- ✔ **un edificio alto** (*un e-di-fi-thio al-to*; ein hohes Gebäude)
- ✔ **un edificio de un piso** (*un e-di-fi-thio de un pi-ßo*; ein einstöckiges Gebäude)
- ✔ **un rascacielos** (*un rraß-ka-thie-loß*; ein Wolkenkratzer (auch wörtlich!))

Üben Sie die verschiedenen Bezeichnungen für Gebäude mit diesen Sätzen:

- ✔ **El edificio de Correos tiene siete pisos.** (*el e-di-fi-thio de ko-rre-oß tie-ne ßie-te pi-ßoß*; Das Postgebäude hat sieben Stockwerke.)
- ✔ **Mi oficina está en un edificio de dos pisos.** (*mi o-fi-thi-na eß-ta en un e-di-fi-thio de doß pi-ßoß*; Mein Büro ist in einem zweistöckigen Gebäude (*wörtlich*: Gebäude von zwei Stockwerken).)
- ✔ **Trabajo en un rascacielos.** (*tra-wa-cho en un rraß-ka-thie-loß*; Ich arbeite in einem Wolkenkratzer.)
- ✔ **En ese edificio sólo hay oficinas.** (*en e-ße e-di-fi-thio ßo-lo ai o-fi-thi-naß*; In diesem Gebäude gibt es nur Büros.)

## Auf der Arbeit

Auf der ganzen Welt wird über **el trabajo** (*el tra-wa-cho*; die Arbeit), die Chefs und die Kollegen gesprochen. Diese Begriffe helfen Ihnen weiter, wenn Sie sich über Ihre Arbeit oder über den Arbeitsplatz auf Spanisch unterhalten wollen:

- ✔ **el empleo** (*el em-ple-o*; die Anstellung, die Stelle)
- ✔ **presentarse** (*pre-ßen-tar-ße*; sich vorstellen)
- ✔ **trabajar** (*tra-wa-char*; arbeiten)
- ✔ **la entrevista** (*la en-tre-wiß-ta*; das Interview, das Vorstellungsgespräch)
- ✔ **el personal** (*el per-ßo-nal*; das Personal, die Belegschaft)

- **el compañero de trabajo** (*el kom-pa-nje-ro de tra-wa-cho*; der Arbeitskollege)
- **la cita** (*la thi-ta*; der Termin, die Verabredung)
- **la secretaria** (*la ße-kre-ta-ria*; die Sekretärin)
- **el jefe; la jefa** (*el che-fe*; *la che-fa*; der Chef; die Chefin)
- **la gerencia** (*la che-ren-thia*; die Geschäftsführung)
- **la carta** (*la kar-ta*; der Brief)

## Einen Job bekommen

Für die meisten Jobs müssen Sie sich auch mit Computern auskennen. Diese Sätze helfen Ihnen bei (fast) jeder Bewerbung:

- **¿Tiene experiencia con ordenadores?** (*tie-ne eß-pe-rien-thia kon or-de-na-do-reß*; Haben Sie Erfahrung mit Computern?)
- **Sí, tengo cinco años de experiencia.** (*ßi teng-go thing-ko a-njoß de eß-pe-rien-thia*; Ja, ich habe fünf Jahre Erfahrung.)
- **¿Qué trabajo ha hecho con ordenadores?** (*ke tra-wa-cho a e-tscho kon or-de-na-do-reß*; Welche Arbeit haben Sie mit Computern gemacht?)
- **He trabajado en la adquisición de datos y también con el proceso de textos.** (*e tra-wa-cha-do en la ad-ki-ßi-thion de da-toß i tam-bien kon el pro-the-ßo de teß-toß*; Ich habe in der Datenerfassung und auch mit Textverarbeitung gearbeitet.)

- **¿Entiende también de edición digital de imágenes?** (*en-tien-de tam-bien de e-di-thion di-chi-tal de i-ma-che-neß*; Verstehen Sie auch etwas von digitaler Bildbearbeitung?)
- **Sí y manejo también el powerpoint.** (*ßi i ma-ne-cho tam-bien el pau-er-point*; Ja, und ich kann auch mit PowerPoint umgehen.)

## Kleiner Wortschatz

| Spanisch | Aussprache | Deutsch |
|---|---|---|
| el ordenador | *el or-de-na-dor* | der Computer |
| entender de | *en-ten-der de* | etwas verstehen von; sich auskennen mit |
| la adquisición de datos | *la ad-ki-ßi-thion de da-toß* | die Datenerfassung |
| los textos | *los teß-toß* | die Texte |
| la edición digital de imágenes | *la e-di-thion di-chi-tal de i-ma-che-neß* | die digitale Bildbearbeitung |
| la imágen | *la i-ma-chen* | das Bild, die Abbildung |
| manejar | *ma-ne-char* | umgehen (mit etwas), (etwas) beherrschen, (ein Auto) fahren |
| el powerpoint | *el pau-er-point* | PowerPoint |

Von manchen Stellenangeboten erfahren Sie durch Freunde, die für Sie Augen und Ohren offenhalten und Sie vielleicht auch weiterempfehlen:

- ✔ **En esa fábrica de muebles buscan gente.** (*en e-ßa fa-bri-ka de mue-bleß buß-kan chen-te*; In dieser Möbelfabrik suchen sie Leute.)
- ✔ **¿Qué empleos ofrecen?** (*ke em-ple-oß o-fre-then*; Was für Stellen bieten sie an?)
- ✔ **Hay un empleo de oficina y otro en la fábrica.** (*ai un em-ple-o de o-fi-thi-na i o-tro en la fa-bri-ka*; Es gibt eine Bürostelle und eine andere in der Fabrik.)
- ✔ **El de la fábrica me interesa.** (*el de la fa-bri-ka me in-te-re-ßa*; Die in der Fabrik interessiert mich.)
- ✔ **¿Por qué no pides informaciónes?** (*por ke no pi-deß in-for-ma-thio-neß*; Warum holst du nicht Informationen ein?)
- ✔ **¿Conoces a alguien de la empresa?** (*ko-no-theß a al-gien de la em-pre-ßa*; Kennst du jemanden von der Firma?)
- ✔ **Si quieres te presento a la jefa.** (*ßi kie-reß te pre-ßen-to a la che-fa*; Wenn du willst, stelle ich dich der Chefin vor.)

### Kleiner Wortschatz

| Spanisch | Aussprache | Deutsch |
|---|---|---|
| la fábrica | *la fa-bri-ka* | die Fabrik |
| la empresa | *la em-pre-ßa* | die Firma, der Betrieb |
| conocer | *ko-no-ther* | kennen, kennenlernen |
| presentar | *pre-ßen-tar* | vorstellen |
| alguien | *al-gien* | jemand |
| el empleo | *el em-ple-o* | die (Arbeits-)Stelle |

## Das Meeting

In Ihrer Abteilung gibt es einige wichtige Angelegenheiten, die Sie besprechen wollen. Bei der Organisation eines Meetings helfen Ihnen diese Sätze weiter:

- **Quiero fijar una reunión para el miércoles.** (*kie-ro fi-char u-na rreu-nion pa-ra el mier-ko-leß*; Ich möchte für Mittwoch eine Besprechung anberaumen.)
- **Debe estar presente todo el personal de gerencia.** (*de-we eß-tar pre-ßen-te to-do el per-ßo-nal de che-ren-thia*; Es sollen alle Führungskräfte anwesend sein. *Wörtlich:* Soll sein anwesend all das Personal der Geschäftsleitung.)
- **Ponga la reunión en la sala de conferencias.** (*pon-ga la rreu-nion en la ßa-la de kon-fe-ren-thiaß*; Legen Sie die Besprechung in den Konferenzraum.)
- **Tenemos disponible dos horas el miércoles por la tarde.** (*te-ne-moß diß-po-ni-ble doß o-raß el mier-ko-leß por la tar-de*; Wir haben zwei Stunden am Mittwoch Nachmittag zur Verfügung.)

So eröffnen Sie die Besprechung:

- **Señoras y señores, gracias por su asistencia.** (*ße-njo-raß i ße-njo-reß gra-thiaß por ßu a-ßiß-ten-thia*; Meine Damen und Herren, danke für Ihre Anwesenheit.)
- **Estamos aquí por un asunto de importancia.** (*eß-ta-moß a-ki por un a-ßun-to de im-por-tan-thia*; Wir sind hier wegen einer wichtigen Angelegenheit.)
- **Estamos considerando este contrato.** (*eß-ta*-moß *kon-ßi-de-ran-do eß-te kon-tra-to*; Wir ziehen diesen Vertrag in Erwägung.)

- ✔ **Todavía no hemos firmado nada.** (*to-da-wia no e-moß fir-ma-do na-da*; Noch haben wir nichts unterschrieben.)
- ✔ **Quiero consultar con ustedes sobre las condiciones.** (*kie-ro kon-ßul-tar kon uß-te-deß ßo-bre laß kon-di-thio-neß*; Ich will mich mit Ihnen über die Bedingungen beraten.)
- ✔ **Tome apuntes de la reunión por favor.** (*to-me a-pun-teß de la rreu-nion por fa-wor*; Protokollieren Sie die Sitzung, bitte. *Wörtlich*: Nehmen Sie Notizen von der Sitzung, bitte.)

Die Wochentage und die Uhrzeiten können Sie in Kapitel 3 nachschlagen.

## Kleiner Wortschatz

| Spanisch | Aussprache | Deutsch |
|---|---|---|
| fijar | *fi-char* | festmachen, anberaumen |
| la reunión | *la rreu-nion* | die Besprechung, die Sitzung, das Treffen |
| disponible | *diß-po-ni-ble* | verfügbar |
| poner | *po-ner* | setzen, stellen, legen |
| el asunto | *el a-ßun-to* | die Angelegenheit |
| firmar | *fir-mar* | unterschreiben |
| el contrato | *el kon-tra-to* | der Vertrag |
| consultar | *kon-ßul-tar* | um Rat fragen, sich beraten |
| tomar apuntes | *to-mar a-pun-teß* | protokollieren (*wörtlich*: Notizen nehmen) |

## Jemanden beschäftigen: Das Verb »emplear«

Das regelmäßige Verb **emplear** (*em-ple-ar*) brauchen Sie fast immer, wenn Sie über die Arbeit sprechen wollen. Es bedeutet nicht nur »beschäftigen«, sondern auch »verwenden« und »gebrauchen«. Der Stamm dieses regelmäßigen Verbs ist **emple-**. (In Kapitel 2 finden Sie die Konjugationstabellen für regelmäßige Verben.) Einige Beispiele für die Verwendung von **emplear**:

- **La fábrica emplea cincuenta obreros.** (*la fa-bri-ka em-ple-a thing-kuen-ta o-bre-roß*; Die Fabrik beschäftigt fünfzig Arbeiter.)
- **Empleamos un método muy innovador.** (*em-ple-a-moß un me-to-do mui in-no-wa-dor*; Wir wenden eine sehr innovative Methode an.)
- **Este ordenador se emplea para diseñar.** (*eß-te or-de-na-dor ße em-ple-a pa-ra di-ße-njar*; Diesen Computer benutzt man zum Zeichnen.)
- **Emplean solo personas de confianza.** (*em-ple-an ßo-lo per-ßo-naß de kon-fian-tha*; Sie beschäftigen nur vertrauenswürdige Leute.)

### Kleiner Wortschatz

| Spanisch | Aussprache | Deutsch |
|---|---|---|
| el obrero | *el o-bre-ro* | der Arbeiter |
| el trabajo | *el tra-wa-cho* | die Arbeit |
| diseñar | *di-ße-njar* | zeichnen, entwerfen |
| solo | *ßo-lo* | nur |
| la confianza | *la kon-fian-tha* | das Vertrauen |

## Tun und machen: Das Verb »hacer«

Sehr oft wird das Verb **hacer** (*a-ther*; machen, tun) verwendet. Wie viele der häufig gebrauchten Verben ist es in fast allen Personen und Zeiten unregelmäßig. Der Stamm **hac-** wird in der ersten Person Singular zu **hag-**.

| Konjugation | Aussprache |
|---|---|
| yo hago | *jo a-go* |
| tú haces | *tu a-theß* |
| él, ella, usted hace | *el, e-ja, uß-ted a-the* |
| nosotros hacemos | *no-ßo-troß a-the-moß* |
| vosotros hacéis | *bo-ßo-troß a-theiß* |
| ellos, ustedes hacen | *e-joß, uß-te-deß a-then* |

Denken Sie daran, dass im Spanischen das **h** nicht ausgesprochen wird.

So benutzen Sie das Verb **hacer**:

- ✔ **¿Qué haces?** (*ke a-theß*; Was machst du?)
- ✔ **Carlos hace muebles.** (*kar-loß a-the mue-bleß*; Carlos macht Möbel.)
- ✔ **Nosotros hacemos nuestro propio pan.** (*no-ßo-troß a-the-moß nueß-tro pro-pio pan*; Wir backen (*wörtlich:* machen) unser eigenes Brot.)
- ✔ **Hago mucho deporte.** (*a-go mu-tscho de-por-te*; Ich treibe (*wörtlich:* mache) viel Sport.)

- **No tiene nada que hacer.** (*no tie-ne na-da ke a-ther*; Er hat nichts zu tun.)

## Das mobile Büro

Mit dem Laptop oder dem Handy können Sie arbeiten, wo Sie wollen – sei es im Zug, im Park oder in Ihrem Lieblingscafé.

Diese Vokabeln helfen Ihnen, sich auch in Spanien in der Welt der digitalen Dinge zurechtzufinden:

- **el portátil** (*el por-ta-til*; der Laptop)
- **el (teléfono) móvil** (*el te-le-fo-no mo-wil*; das Handy)
- **las baterías** (*laß ba-te-riaß*; die Batterien, die Akkus)
- **cargar** (*kar-gar*; aufladen)
- **el cargador** (*el kar-ga-dor*; das Ladegerät)
- **el cable cargador** (*el ka-ble kar-ga-dor*; das Ladekabel)
- **el adaptador** (*el a-dap-ta-dor*; der Adapter)

Unterwegs stellen Sie fest, dass Sie das Ladegerät Ihres Handys vergessen haben oder den passenden Adapter. Und Ihr Laptop könnte auch etwas Strom gebrauchen. So finden Sie, was Sie brauchen:

- **Necesito un adaptador para cargar la batería.** (*ne-the-ßi-to un a-dap-ta-dor pa-ra kar-gar la ba-te-ria*; Ich brauche einen Adapter, um den Akku aufzuladen.)
- **El cargador no funciona.** (*el kar-ga-dor no fun-thio-na*; Das Ladegerät funktioniert nicht.)

- ✔ **¿Vende baterías para este móvil?** (*ben-de ba-te-riaß pa-ra eß-te mo-wil*; Verkaufen Sie Akkus für dieses Handy?)
- ✔ **¿Dónde puedo enchufar este enchufe?** (*don-de pue-do en-tschu-far eß-te en-tschu-fe*; Wo kann ich diesen Stecker reinstecken?)
- ✔ **¿Puedo enchufar mi portátil aqui?** (*pue-do en-tschu-far mi por-ta-til a-ki*; Kann ich meinen Laptop hier anschließen?)

### Kleiner Wortschatz

| Spanisch | Aussprache | Deutsch |
|---|---|---|
| necesitar | *ne-the-ßi-tar* | brauchen |
| comprar | *kom-prar* | kaufen |
| vender | *ben-der* | verkaufen |
| funcionar | *fun-thio-nar* | funktionieren |
| enchufar | *en-tschu-far* | reinstecken (Stecker), anschließen |
| el enchufe | *el en-tschu-fe* | der Stecker |

## Die Verbindung herstellen

Wenn Sie die richtige Nummer und den Hörer in der Hand haben, kann es losgehen. **El teléfono** (*el te-le-fo-no*; das Telefon) am anderen Ende der Leitung klingelt. So meldet sich der Angerufene:

- ✔ **¿Diga?** (*di-ga*; *wörtlich:* Sagen Sie?)
- ✔ **¿Dígame?** (*di-ga-me*; *wörtlich:* Sagen Sie mir?).
- ✔ **¿Sí?** (*ßi*; Ja?)
- ✔ **¿Aló?** (*a-lo*; Hallo?, *nur am Telefon*)

Diese Ausdrücke können Sie gebrauchen, wenn es ums Telefonieren geht:

- **llamar por teléfono** (*ja-mar por te-le-fo-no*; anrufen (mit dem Telefon))
- **marcar el número** (*mar-kar el nu-me-ro*; die Nummer wählen)
- **colgar** (*kol-gar*; auflegen (den Hörer))
- **contestar el teléfono** (*kon-teß-tar el te-le-fo-no*; ans Telefon gehen)
- **La línea está ocupada.** (*la li-ne-a eß-ta o-ku-pa-da*; Die Leitung ist besetzt.)
- **En este momento no está.** (*en eß-te mo-men-to no eß-ta*; Er/Sie ist im Moment nicht da.)
- **Llamo más tarde, gracias.** (*ja-mo maß tar-de gra-thiaß*; Ich rufe später noch mal an, danke.)

### Kleiner Wortschatz

| Spanisch | Aussprache | Deutsch |
|---|---|---|
| llamar | *ja-mar* | anrufen, rufen |
| el número | *el nu-me-ro* | die Nummer |
| la línea | *la li-ne-a* | die Leitung (Telefon) |
| libre | *li-bre* | frei |
| ocupado/a | *o-ku-pa-do/a* | besetzt |
| contestar | *kon-teß-tar* | beantworten, ans Telefon gehen |

Vor allem, wenn Sie einen Namen mit Umlauten haben, werden Sie ihn wahrscheinlich am Telefon häufig buchstabieren müssen. Das spanische Alphabet finden Sie in Kapitel 1. Die deutschen Umlaute ä, ö und ü buchstabieren Sie so:

- **u con diéresis** (*u kon die-re-ßiß*; ü, *wörtlich*: u mit Umlaut)
- **a con diéresis** (*a kon die-re-ßiß*; ä, *wörtlich*: a mit Umlaut)
- **o con diéresis** (*o kon die-re-ßiß*; ö, *wörtlich*: o mit Umlaut)

### *Das Telefongespräch*

Telefongespräche unterscheiden sich in vieler Hinsicht nicht von »Live«-Gesprächen. Hier ein paar Beispielsätze für die Verabredung am Telefon:

- **Hola Alfonso, soy Alicia.** (*o-la al-fon-ßo ßoi a-li-thia*; Hallo Alfonso. Hier ist Alicia. *Wörtlich:* Ich bin Alicia.)
- **¿Tienes tiempo hoy por la tarde para encontrarnos en el centro?** (*tie-neß tiem-po oi por la tar-de pa-ra en-kon-trar-noß en el then-tro*; Hast du heute Nachmittag Zeit, um uns im Zentrum zu treffen?)
- **Tengo que trabajar.** (*teng-go ke tra-wa-char*; Ich muss arbeiten.)
- **¿Qué haces el fin de semana?** (*ke a-theß el fin de ße-ma-na*; Was machst du am Wochenende?)

- **Ahora no puedo hablar. Te llamo más tarde.** (*a-o-ra no pue-do a-blar te ja-mo maß tar-de*; Ich kann jetzt nicht sprechen. Ich rufe dich später an.)
- **¿Jorge ya te ha llamado?** (*chor-che ja te a ja-ma-do*; Hat Jorge dich schon angerufen?)
- **Llámame otra vez, cuando sepas a que hora nos podemos encontrar.** (*ja-ma-me o-tra beth kuan-do ße-paß a ke o-ra noß po-de-moß en-kon-trar*; Ruf mich noch mal an, wenn du weißt, um wie viel Uhr wir uns treffen können.)

Wenn Sie jemanden nicht erreichen, hinterlassen Sie so eine Nachricht:

- **Quisiera dejar un mensaje.** (*ki-ßie-ra de-char un men-ßa-che*; Ich würde gerne eine Nachricht hinterlassen.)
- **El mensaje es que la señora Winter va a llegar hoy a las cinco de la tarde.** (*el men-ßa-che eß ke la ße-njo-ra win-ter ba a je-gar oi a laß thing-ko de la tar-de*; Die Nachricht ist, dass Frau Winter heute um fünf Uhr nachmittags ankommen wird.)
- **¿Cómo se escribe su apellido?** (*ko-mo ße eß-kri-we ßu a-pe-ji-do*; Wie schreibt man Ihren Nachnamen?)
- **¿Cómo es su nombre?** (*ko-mo eß ßu nom-bre*; Wie ist Ihr Name?)
- **Han dejado un número de teléfono.** (*an de-cha-do un nu-me-ro de te-le-fo-no*; Sie haben eine Telefonnummer hinterlassen.)

✔ **Te he dejado un mensaje.** (*te e de-cha-do un men-ßa-che*; Ich habe dir eine Nachricht hinterlassen.)

### *Kleiner Wortschatz*

| **Spanisch** | **Aussprache** | **Deutsch** |
|---|---|---|
| el mensaje | *el men-ßa-che* | die Nachricht |
| encontrar | *en-kon-trar* | treffen, finden |
| para | *pa-ra* | um; für |
| encontrarse con | *en-kon-trar-ße kon* | sich treffen mit |
| otra vez | *o-tra beth* | noch einmal |
| la vez | *la beth* | das Mal |
| a qué hora | *a ke o-ra* | um wie viel Uhr |

### *Am Telefon nur Bahnhof verstehen*

Wenn Sie Ihren Gesprächspartner nicht gleich verstehen, fragen Sie einfach noch einmal höflich nach:

✔ **Perdone, no le he entendido.** (*per-do-ne no le e en-ten-di-do*; Entschuldigen Sie, ich habe Sie nicht verstanden. *Wörtlich*: Entschuldigen (Sie), nicht Sie habe (ich) verstanden.)

✔ **¿Puede repetirlo, por favor?** (*pue-de rre-pe-tir-lo por fa-wor*; Können Sie das bitte wiederholen?)

✔ **¿Puede hablar más lentamente por favor?** (*pue-de a-blar maß len-ta-men-te por fa-wor*; Können Sie bitte langsamer reden?)

✔ **La conexión está muy mala.** (*la ko-ne-kßion eß-ta mui ma-la*; Die Verbindung ist sehr schlecht.)

- **No te entiendo.** (*no te en-tien-do*; Ich verstehe dich nicht.)

### *Kleiner Wortschatz*

| Spanisch | Aussprache | Deutsch |
|---|---|---|
| hablar | *a-blar* | reden, sprechen |
| escuchar | *eß-ku-tschar* | hören |
| entender | *en-ten-der* | verstehen |
| entiendo | *en-tien-do* | ich verstehe |
| repetir | *rre-pe-tir* | wiederholen |
| la conexión | *la ko-ne-kßion* | die Verbindung |
| más tarde | *maß tar-de* | später |

# Unterwegs sein: Mit Flugzeug, Zug, Bus oder Auto

9

*In diesem Kapitel*

- Sich am Flughafen zurechtfinden
- Den öffentlichen Nahverkehr benutzen
- Ein Auto mieten
- Fortbewegungsverben verwenden
- Wegbeschreibungen und Richtungsangaben verstehen
- Eine Reise buchen und stornieren

Wer nach Spanien reist, muss ein Verkehrsmittel benutzen – sei es nun das Auto, den Zug oder das Flugzeug.

In diesem Kapitel lernen Sie alles, was Sie brauchen, um sich sicher und gelassen in spanischsprachigen Ländern zu bewegen.

## Über den Wolken

Nach einem **vuelo** (*bue-lo*; Flug) stehen Sie auf dem **aeropuerto** (*a-e-ro-puer-to*; Flughafen). Für einen guten Beginn Ihrer Reise helfen Ihnen diese Ausschilderungen und Begriffe am Flughafen weiter:

- **la salida** (*la ßa-li-da*; der Ausgang)
- **la entrada** (*la en-tra-da*; der Eingang)
- **la distribución de equipajes** (*la diß-tri-wu-thion de e-ki-pa-cheß*; die Gepäckausgabe)

- **la maleta** (*la ma-le-ta*; der Koffer)
- **el bolso** (*el bol-ßo*; die Tasche)
- **retirar el equipaje** (*rre-ti-rar el e-ki-pa-che*; das Gepäck abholen)
- **¿Puede venir a buscarme en el aeropuerto?** (*pue-de be-nir a buß-kar-me en el a-e-ro-puer-to*; Können Sie mich am Flughafen abholen?)
- **Llego a las tres.** (*je-go a laß treß*; Ich komme um drei (Uhr) an.)

Das Gepäck ist nicht da. Was nun? Wenden Sie sich an **la oficina de objetos perdidos** (*la o-fi-thi-na de ob-che-toß per-di-doß*; das Fundbüro):

- **Mi maleta no está.** (*mi ma-le-ta no eß-ta*; Mein Koffer ist nicht da.)
- **No llegó mi equipaje.** (*no je-go mi e-ki-pa-che*; Mein Gepäck ist nicht angekommen.)
- **perdido** (*per-di-do*; verloren)
- **He llegado con el vuelo desde Frankfurt.** (*e je-ga-do kon el bue-lo des-de frank-furt*; Ich bin mit dem Flug aus Frankfurt gekommen.)

Für die Rückreise sollten Sie folgende Sätze kennen:

- **tomar un vuelo** (*to-mar un bue-lo*; einen Flug nehmen)
- **la facturación de equipaje** (*la fak-tu-ra-thion de e-ki-pa-che*; die Gepäckabfertigung, der Check-in)

- **facturar el equipaje** (*fak-tu-rar el e-ki-pa-che*; das Gepäck einchecken)
- **¿Es esta la cola de facturación para el vuelo a …?** (*eß eß-ta la ko-la de fak-tu-ra-thion pa-ra el bue-lo a …*; Ist das die Check-in-Schlange für den Flug nach …?)
- **¿Tiene equipaje?** (*tie-ne e-ki-pa-che*; Haben Sie Gepäck?)
- **el equipaje de mano** (*el e-ki-pa-che de ma-no*; das Handgepäck)
- **¿Desea un asiento de ventanilla?** (*de-ße-a un a-ßien-to de ben-ta-ni-ja*; Wünschen Sie einen Fensterplatz?)
- **Su maleta pesa demasiado.** (*ßu ma-le-ta pe-ßa de-ma-ßia-do*; Ihr Koffer wiegt zu viel.)
- **Aquí tiene su tarjeta de embarque.** (*a-ki tie-ne ßu tar-che-ta de em-bar-ke*; Hier haben Sie Ihre Bordkarte.)
- **El pasaporte, por favor.** (*el pa-ßa-por-te por fa-wor*; Den Pass, bitte.)
- **El número del vuelo es …** (*el nu-me-ro del bue-lo eß …*; Die Flugnummer ist …)
- **última llamada** (*ul-ti-ma ja-ma-da*; letzter Aufruf)
- **la salida (del avión)** (*la ßa-li-da del a-wion*; der Abflug)

Das Wort **salida** kann sowohl »Ausgang« als auch »Abflug« bedeuten.

Manchmal müssen Sie sich auch mit dem Zoll befassen:

- **Pase a la aduana, por favor.** (*pa-ße a la a-dua-na por fa-wor*; Gehen Sie zum Zoll vor, bitte.)
- **Aquí tiene sus formularios de aduana.** (*a-ki tie-ne ßuß for-mu-la-rioß de a-dua-na*; Hier haben Sie Ihre Zollformulare.)
- **Llene el cuestionario por favor.** (*je-ne el kueß-tio-na-rio por fa-wor*; Füllen Sie bitte den Fragebogen aus.)
- **¿Tiene algo que declarar?** (*tie-ne al-go ke de-kla-rar*; Haben Sie etwas zu verzollen?)
- **No tengo nada que declarar.** (*no teng-go na-da ke de-kla-rar*; Ich habe nichts zu verzollen.)
- **Necesitamos revisar sus maletas.** (*ne-the-ßi-ta-moß rre-wi-ßar ßuß ma-le-taß*; Wir müssen Ihre Koffer durchsehen.)
- **Debe pagar derechos de aduana.** (*de-we pa-gar de-re-tschoß-de a-duana*; Sie müssen Steuern bezahlen.)
- **Está libre de impuestos.** (*eß-ta li-bre de im-pueß-toß*; Es ist abgabenfrei.)

### Kleiner Wortschatz

| Spanisch | Aussprache | Deutsch |
|---|---|---|
| el equipaje | *el e-ki-pa-che* | das Gepäck |
| el pasaporte | *el pa-ßa-por-te* | der Pass |
| la aduana | *la a-dua-na* | der Zoll |
| la estadía | *la eß-ta-dia* | der Aufenthalt |
| revisar | *rre-wi-ßar* | durchsehen, kontrollieren |
| el asiento | *el a-ßien-to* | der Sitzplatz |
| el vuelo | *el bue-lo* | der Flug |
| la tarjeta de embarque | *la tar-che-ta de em-bar-ke* | die Bordkarte |

## Mit dem Zug unterwegs

Diese Sätze helfen Ihnen, **la estación** (*la eß-ta-thion*; den Bahnhof) zu finden:

- ✔ **¿Dónde está la estación del tren?** (*don-de eß-ta la eß-ta-thion del tren*; Wo ist der (Zug-)Bahnhof?)
- ✔ **¿Cómo llego a la Estación Central**? (*ko-mo je-go a la eß-ta-thion then-tral*; Wie komme ich zum Hauptbahnhof?)
- ✔ **Lléveme por favor a la estación del tren.** (*je-we-me por fa-wor a la eß-ta-thion del tren*; Bringen Sie mich bitte zum (Zug-)Bahnhof.)

So kaufen Sie eine Fahrkarte und erkundigen sich nach den Reisedaten:

- ✔ **Un billete para Bilbao por favor.** (*un bi-je-te pa-ra bil-ba-o por fa-wor*; Eine Fahrkarte nach Bilbao, bitte.)

- **¿Clase turista o preferente?** (*kla-ße tu-riß-ta o pre-fe-ren-te*; Touristenklasse oder Vorzugsklasse?)
- **¿Ida y vuelta?** (*i-da i buel-ta*; Hin und zurück?)
- **No, solo ida.** (*no ßo-lo i-da*; Nein, nur hin.)
- **¿A qué hora sale el tren?** (*a ke o-ra ßa-le el tren*; Wann fährt der Zug ab?)
- **Sale a las 15:10.** (*ßa-le a laß kin-the i dieth*; Er fährt um fünfzehn Uhr zehn ab.)
- **¿De qué andén sale?** (*de ke an-den ßa-le*; Von welchem Gleis fährt er ab?)
- **Del andén número dos.** (*del an-den nu-me-ro doß*; Von Gleis 2.)

### Kleiner Wortschatz

| Spanisch | Aussprache | Deutsch |
|---|---|---|
| el tren | *el tren* | der Zug |
| ida y vuelta | *i-da i buel-ta* | hin und zurück |
| el andén | *el an-den* | der Bahnsteig, das Gleis |
| salir | *ßa-lir* | abfahren |
| clase turista | *kla-ße tu-riß-ta* | Touristenklasse (2. Klasse) |
| clase preferente | *kla-ße pre-fe-ren-te* | Vorzugsklasse (1. Klasse) |
| la estación | *la eß-ta-thion* | der Bahnhof |
| el billete | *el bi-je-te* | die Fahrkarte |

## *Mit dem Taxi zu Ihrem Ziel*

Die Fahrt mit dem **taxi** (*ta-kßi*; Taxi) wird in Spanien nach Zeit abgerechnet und am Zielort bezahlt. In manchen Städten wird **un agio** (*un a-chio*; ein Aufpreis) für **el equipaje** (*el e-ki-pa-che*; das Gepäck) oder für **un viaje de noche** (*un bia-che de no-tsche*; eine Nachtfahrt) verlangt. Ob ein Taxi frei ist, erkennen Sie an dem grünen Licht auf dem Dach oder an dem Schild **libre** (*li-bre*; frei).

So finden Sie ein Taxi und fragen nach dem Preis:

- ✔ **¿Dónde encuentro un taxi?** (*don-de en-kuen-tro un ta-kßi*; Wo finde ich ein Taxi?)
- ✔ **¿Hay una parada de taxis por aquí?** (*ai u-na pa-ra-da de ta-kßiß por a-ki*; Gibt es einen Taxistand hier in der Nähe?)
- ✔ **¿Cuánto cuesta el viaje al centro?** (*kuan-to kueß-ta el bia-che al then-tro*; Wie viel kostet die Fahrt ins Zentrum?)
- ✔ **¿Tengo que pagar algún agio?** (*teng-go ke pa-gar al-gun a-chio*; Muss ich irgendeinen Aufschlag bezahlen?)
- ✔ **A la calle Tirso de Molina 85 por favor.** (*a la ka-je tir-ßo de mo-li-na o-tschen-ta-i-thing-ko por fa-wor*; Zur Tirso-de-Molina-Straße 85, bitte.)

## Mit dem Bus fahren

Diese Sätze helfen Ihnen weiter, wenn Sie **el autobús** (*el au-to-buß*; den Bus) nehmen wollen:

- **¿A qué hora parte el autobús para Almería?** (*a ke o-ra par-te el au-to-buß pa-ra al-me-ria*; Wann fährt der Bus nach Almería ab?)
- **¿Hay autobús todos los días?** (*ai au-to-buß to-doß loß diaß*; Fährt jeden Tag ein Bus? *Wörtlich:* Gibt es Bus alle die Tage?)
- **Sí, salvo los domingos y los días festivos.** (*ßi ßal-wo loß do-ming-goß i loß diaß feß-ti-woß*; Ja, außer sonntags und an Feiertagen.)
- **¿Dónde está la parada de autobús?** (*don-de eß-ta la pa-ra-da de au-to-buß*; Wo ist die Bushaltestelle?)
- **¿Dónde compro el billete?** (*don-de kom-pro el bi-je-te*; Wo kaufe ich die Fahrkarte?)
- **Ahí hay una máquina de billetes.** (*a-i ai u-na ma-ki-na de bi-je-teß*; Dort gibt es einen Fahrkartenautomaten.)
- **¿Dónde sale el autobús para el centro?** (*don-de ßa-le el au-to-buß pa-ra el then-tro*; Wo fährt der Bus zum Zentrum ab?)
- **¿Este autobús va al centro?** (*eß-te au-to-buß ba al then-tro*; Fährt dieser Bus ins Zentrum?)

Das Verb **salir** bedeutet »hinausgehen«. In Zusammenhang mit Verkehrsmitteln kann es auch mit »losfahren« übersetzt werden.

### Kleiner Wortschatz

| Spanisch | Aussprache | Deutsch |
|---|---|---|
| la parada de taxis | *la pa-ra-da de ta-kßiß* | der Taxistand |
| el viaje | *el bia-che* | die Fahrt, die Reise |
| el agio | *el a-chio* | der Aufschlag |
| pagar | *pa-gar* | bezahlen |
| la máquina de billetes | *la ma-ki-na de bi-je-teß* | der Fahrkartenautomat |
| el autobús | *el au-to-buß* | der Bus |
| la calle | *la ka-je* | die Straße |
| salir | *ßa-lir* | hinausgehen, losfahren |
| partir | *par-tir* | abfahren |

## Mit dem Auto unterwegs

Diese Begriffe helfen Ihnen weiter, wenn Sie in Spanien mit dem Auto unterwegs sind:

- ✔ **la autopista** (*la au-to-piß-ta*; die Autobahn)
- ✔ **el peaje** (*el pe-a-che*; die Maut)
- ✔ **el límite de velocidad** (*el li-mi-te de be-lo-thi-dad*; die Höchstgeschwindigkeit)
- ✔ **el aparcamiento vigilado** (*el a-par-ka-mien-to bi-chi-la-do*, der bewachte Parkplatz)
- ✔ **el edificio garaje** (*el e-di-fi-thio ga-ra-che*; das Parkhaus)

Lernen Sie die wichtigsten Beschriftungen auf spanischen Verkehrsschildern kennen:

- **estacionamiento prohibido** (*eß-ta-thio-na-mien-to pro-i-wi-do*; Parken verboten)
- **paso prohibido** (*pa-ßo pro-i-wi-do*; Durchfahrt verboten)
- **desvío** (*deß-wio*; Umleitung)
- **sentido único** (*ßen-ti-do u-ni-ko*; Einbahnstraße)
- **alto** (*al-to*; halt)
- **ceda al paso** (*the-da al pa-ßo*; Vorfahrt beachten)
- **atención** (*a-ten-thion*; Achtung)
- **viraje peligroso** (*bi-ra-che pe-li-gro-ßo*; gefährliche Kurve)

So finden Sie die nächste Autovermietung:

- **¿Dónde se alquilan coches?** (*don-de ße al-ki-lan ko-tscheß*; Wo werden Autos vermietet?)
- **¿Hay un alquiler de coches por aquí?** (*ai un al-ki-ler de ko-tscheß por a-ki*; Gibt es eine Autovermietung hier in der Gegend?)
- **Necesito alquilar un coche.** (*ne-the-ßi-to al-ki-lar un ko-tsche*; Ich muss ein Auto mieten.)

Wenn Sie ein Auto mieten wollen, stellen sich viele Fragen. So erfahren Sie mehr über die Konditionen:

- **¿Me puede dar una lista de precios?** (*me pue-de dar u-na liß-ta de pre-thioß*; Können Sie mir eine Preisliste geben?)
- **¿Cuánto cuesta al día?** (*kuan-to kueß-ta al dia*; Wie viel kostet es am Tag?)

- **¿Cuánto cuesta por semana?** (*kuan-to kueß-ta por ße-ma-na*; Wie viel kostet es pro Woche?)
- **¿Cuántos kilómetros puedo andar?** (*kuan-toß ki-lo-me-troß pue-do an-dar*; Wie viele Kilometer kann ich fahren?
- **¿Cuántos litros por kilómetro gasta este coche**? (*kuan-toß li-troß por ki-lo-me-tro gaß-ta eß-te ko-tsche*; Wie viele Liter pro Kilometer verbraucht dieses Auto?)
- **¿Cuánto cuesta el seguro?** (*kuan-to kueß-ta el ße-gu-ro*; Wie viel kostet die Versicherung?)
- **¿Dónde está la rueda de repuesto?** (*don-de eß-ta la rrue-da de rre-pueß-to*; Wo befindet sich das Ersatzrad?)
- **¿Tiene caja automática o caja manual?** (*tie-ne ka-cha au-to-ma-ti-ka o ka-cha ma-nual*; Hat es eine Automatikschaltung oder eine manuelle Schaltung?)
- **¿Hasta qué hora tengo que devolver el coche**? (*aß-ta ke o-ra teng-go ke de-wol-wer el ko-tsche*; Bis wie viel Uhr muss ich das Auto zurückgeben?)
- **¿Dónde tengo que devolver el coche?** (*don-de teng-go ke de-wol-wer el ko-tsche*; Wo muss ich das Auto zurückgeben?)

Achten Sie darauf, dass sich die zwei in Spanien obligatorischen **triángulos** (*tri-ang-gu-loß*; Warndreiecke), **chalecos de emergencia** (*tscha-le-koß de e-mer-chen-thia*; Warnwesten) und ein **botiquín** (*bo-ti-kin*; Verbandskasten) im Auto befinden.

Wenn Sie in eine abgelegene Region fahren wollen, lohnt es sich, sich nach dem Straßenzustand zu erkundigen:

- **¿Están asfaltados estos caminos?** (*eß-tan aß-fal-ta-doß eß-toß ka-mi-noß*; Diese Wege sind asphaltiert?)
- **No todos. Estos son de tierra.** (*no to-doß eß-toß ßon de tie-rra*; Nicht alle. Das sind Schotterstraßen.)
- **Esos caminos tienen muchos baches.** (*e-ßoß ka-mi-noß tie-nen mu-tschoß ba-tscheß*; Diese Straßen haben viele Schlaglöcher.)
- **¿Necesitamos cadenas antideslizantes para nieve?** (*ne-the-ßi-ta-moß ka-de-naß an-ti-deß-li-than-teß pa-ra nie-we*; Brauchen wir Schneeketten?)
- **¿Está abierto este puerto en invierno?** (*eß-ta a-wier-to eß-te puer-to en in-bier-no*; Ist dieser Pass im Winter offen?)

### Kleiner Wortschatz

| Spanisch | Aussprache | Deutsch |
|---|---|---|
| prohibido/a | *pro-i-wi-do/a* | verboten |
| peligroso/a | *pe-li-gro-ßo/a* | gefährlich |
| el camino | *el ka-mi-no* | der Weg, die Straße |
| asfaltado/a | *aß-fal-ta-do/a* | asphaltiert |
| el camino de tierra | *el ka-mi-no de tie-rra* | der Feldweg (*wörtlich*: Straße von Erde), die Schotterstraße |
| la rueda | *la rrue-da* | das Rad |
| los baches | *loß ba-tscheß* | die Schlaglöcher |

| Spanisch | Aussprache | Deutsch |
|---|---|---|
| ir en coche | *ir en ko-tsche* | mit dem Auto fahren |
| gastar | *gaß-tar* | verbrauchen |
| devolver | *de-wol-wer* | zurückgeben, abgeben |
| la caja (de cambios) | *la ka-cha (de kam-bioß)* | die Gangschaltung |
| las cadenas antideslizantes para nieve | *laß ka-de-naß an-ti-deß-li-than-teß pa-ra nie-we* | die Schneeketten |
| el puerto | *el puer-to* | der (Berg-)Pass, der Hafen |

## Fahrplanfragen: Zu spät, zu früh oder pünktlich kommen

**El horario** (*el o-ra-rio*; der Fahrplan) wird vor allem dann wichtig, wenn Sie einen Anschlusszug oder -bus erreichen wollen. Dann beschäftigt Sie vor allem eine Frage:

✔ **¿Llegaremos a tiempo?** (*je-ga-re-moß a tiem-po*; Werden wir rechtzeitig ankommen?)

✔ **¿A qué hora llegamos?** (*a ke o-ra je-ga-moß*; Um wie viel Uhr kommen wir an?)

So könnte eine Antwort klingen:

✔ **Estamos puntuales.** (*eß-ta-moß pun-tua-les*; Wir sind pünktlich (unterwegs).)

✔ **Llegaremos a la hora.** (*je-ga-re-moß a la o-ra*; Wir werden pünktlich/rechtzeitig ankommen.)

- **El tren está atrasado.** (*el tren eß-ta a-tra-ßa-do*; Der Zug ist verspätet.)
- **El autobús viene adelantado.** (*el au-to-buß bie-ne a-de-lan-ta-do*; Der Bus kommt zu früh.)
- **Llegamos en diez minutos.** (*je-ga-moß en dieth mi-nu-toß*; Wir kommen in zehn Minuten an.)
- **El tren ha sido suspendido por problemas técnicos.** (*el tren a ßi-do ßuß-pen-di-do por pro-ble-maß tek-ni-koß*; Der Zug wurde aufgrund technischer Probleme gestrichen.)

## In Bewegung sein: Verben für die Fortbewegung

Lernen Sie hier die wichtigsten Verben der Fortbewegung kennen.

### Gehen oder fahren: Das Verb »ir«

Das Verb **ir** (*ir*) bedeutet »gehen«. Es kann aber je nach Kontext auch mit »fahren« übersetzt werden. Zum Beispiel: **ir en autobús** (*ir en au-to-buß*; Bus fahren). Sehen Sie sich die (unregelmäßige) Konjugation von **ir** an:

| Konjugation | Aussprache |
|---|---|
| yo voy | *jo boi* |
| tú vas | *tu baß* |
| él, ella, usted va | *el, e-ja, uß-ted ba* |
| nosotros vamos | *no-ßo-troß ba-moß* |
| vosotros vais | *bo-ßo-troß baiß* |
| ellos, ustedes van | *e-joß, uß-te-deß ban* |

Üben Sie das Verb **ir** mit diesen Sätzen:

- ✔ **Voy con el tren a Zaragoza.** (*boi kon el tren a tha-ra-go-tha*; Ich fahre mit dem Zug nach Zaragoza.)
- ✔ **Marita y Clara van de vacaciones a Francia.** (*ma-ri-ta i kla-ra ban de ba-ka-thio-neß a fran-thia*; Marita und Clara fahren nach Frankreich in den Urlaub.)
- ✔ **¡Vamos juntos al parque a jugar fútbol!** (*ba-moß chun-toß al par-ke a chu-gar fut-bol*; Gehen/Fahren wir zusammen zum Park zum Fußball spielen!)

### *Hinausgehen, ausgehen und abfahren: Das Verb »salir«*

Das Verb **salir** (*ßa-lir*) hat viele Bedeutungen. Allen gemein ist die Bewegung weg vom Ursprungsort. So können Sie dieses Verb verwenden:

- ✔ **¿De dónde sale el ferry a Las Palmas?** (*de don-de ßa-le el fe-rri a laß pal-maß*; Von wo legt die Fähre nach Las Palmas ab?)
- ✔ **¿Cuándo sale el autobús?** (*kuan-do ßa-le el au-to-buß*; Wann fährt der Bus ab?)
- ✔ **Salen de la estación del tren.** (*ßa-len de la eß-ta-thion del tren*; Sie gehen aus dem Bahnhof raus.)
- ✔ **Salimos esta tarde.** (*ßa-li-moß eß-ta tar-de*; Wir gehen heute Abend aus.)

So wird das Verb **salir** im Präsens konjugiert. Die erste Person Singular ist unregelmäßig:

| Konjugation | Aussprache |
|---|---|
| yo sal**g**o | *jo ßal-go* |
| tú sales | *tu ßa-leß* |
| él, ella, usted sale | *el, e-ja, uß-ted ßa-le* |
| nosotros salimos | *no-ßo-troß ßa-li-moß* |
| vosotros salís | *bo-ßo-troß ßa-liß* |
| ellos, ustedes salen | *e-joß, uß-te-deß ßa-len* |

### Das Verb, das Sie hochbringt: »subir«

Wenn der Ort, den Sie besuchen, nicht gerade platt wie ein Tisch ist, wird Ihnen das Verb **subir** (*ßu-wir*; hochgehen, hochsteigen) gute Dienste leisten. **Subir a** bedeutet außerdem »einsteigen« und bezieht sich auf fast alle Verkehrsmittel, vom Auto über den Bus bis zum Zug. **Subir** wird regelmäßig konjugiert (siehe Kapitel 2).

So können Sie das Verb **subir** anwenden:

- ✔ **Vamos a subir con ustedes.** (*ba-moß a ßu-wir kon uß-te-deß*; Wir werden mit Ihnen hochgehen.)
- ✔ **Yo subo allí todos los días.** (*jo ßu-wo a-ji to-doß loß diaß*; Ich gehe da jeden Tag hoch.)
- ✔ **Clara sube a mi coche.** (*kla-ra ßu-we a mi ko-tsche*; Clara steigt in mein Auto ein.)
- ✔ **Subimos al tren.** (*ßu-wi-moß al tren*; Wir steigen in den Zug ein.)

### *Runter geht's: Das Verb »bajar«*

**Bajar** (*ba-char*) bedeutet »heruntergehen« oder »heruntersteigen«. Im Zusammenhang mit Verkehrsmitteln heißt es auch »aussteigen«. **Bajar** ist ein regelmäßiges Verb mit dem Stamm **baj-**.

Üben Sie das Verb **bajar** mit den folgenden Sätzen:

- ✔ **Ella baja por la escalera.** (*e-ja ba-cha por la eß-ka-le-ra*; Sie geht die Treppe herunter.)
- ✔ **Bajamos por esta calle.** (*ba-cha-moß por eß-ta ka-je*; Wir gehen diese Straße hinunter.)
- ✔ **Bajo del tren con el perro.** (*ba-cho del tren kon el pe-rro*; Ich steige mit dem Hund aus dem Zug aus.)
- ✔ **Dicen que ya van a bajar.** (*di-then ke ja ban a ba-char*; Sie sagen, dass sie gleich runterkommen werden.)

### *Kommen und ankommen: Die Verben »venir« und »llegar«*

Zwei Verben brauchen Sie, wenn Sie sich mit jemandem verabreden und abgeholt werden wollen. Das unregelmäßige Verb **venir** (*be-nir*) bedeutet »kommen«. Sehen Sie sich die Konjugation im Präsens an:

| Konjugation | Aussprache |
|---|---|
| yo vengo | *jo ben-go* |
| tú vienes | *tu bie-neß* |
| él, ella, usted viene | *el, e-ja, uß-ted bie-ne* |
| nosotros venimos | *no-ßo-troß be-ni-moß* |
| vosotros venís | *bo-ßo-troß be-niß* |
| ellos, ustedes vienen | *e-joß, uß-te-deß bie-nen* |

Geht es um die Ankunft Ihres Zuges, verwenden Sie das regelmäßige Verb **llegar** (*je-gar*) – »ankommen«. (Die regelmäßigen Konjugationen finden Sie in Kapitel 2.)

So verwenden Sie die Verben **venir** und **llegar**:

- **¿Vienes con nosotros al cine?** (*bie-neß kon no-ßo-troß al thi-ne*; Kommst du mit uns ins Kino?)
- **Su autobús llega a las diez menos veinte.** (*ßu au-to-buß je-ga a laß dieth me-noß bein-te*; Sein Bus kommt um zwanzig vor zehn an.)
- **Viene a recogerme a las ocho y media.** (*bie-ne a rre-ko-cher-me a laß o-tscho i me-dia*; Er/Sie holt mich um halb neun ab.)
- **Si seguimos así, nunca vamos a llegar.** (*ßi ße-gi-moß a-ßi nung-ka ba-moß a je-gar*; Wenn wir so weitermachen, werden wir nie ankommen. *Wörtlich*: Wenn weitermachen so, nie gehen zu ankommen.)

### Warten und hoffen: Das Verb »esperar«

Wenn Sie auf etwas warten, hoffen Sie meistens auch, dass es bald eintritt. Im Spanischen drückt man beides – »hoffen« und »warten« – mit demselben Verb aus: **esperar** (*eß-pe-rar*). Der Stamm, an den Sie die regelmäßige Endung der jeweiligen Person anfügen, ist **esper-**.

Üben Sie das Verb **esperar** mit folgenden Sätzen:

- **Espero en la cola.** (*eß-pe-ro en la ko-la*; Ich warte in der Schlange.)

- **Esperamos al tren.** (*eß-pe-ra-moß al tren*; Wir warten auf den Zug.)
- **No esperamos más al autobús.** (*no eß-pe-ra-moß maß al au-to-buß*; Wir warten nicht länger (*wörtlich*: mehr) auf den Bus.)
- **¿Esperáis a Pedro?** (*eß-pe-raiß a pe-dro*; Wartet ihr auf Pedro?)

In der Bedeutung »warten auf« wird **esperar** mit der Präposition **a** kombiniert.

## *¿Dónde está? – Nach dem Weg fragen*

**¿Dónde está ... ?** (*don-de eß-ta*; Wo ist ...?) – das ist die wichtigste Frage, um sich in einer neuen Umgebung zurechtzufinden. So fragen Sie sowohl nach dem nächsten **baño público** (*ba-njo pu-bli-ko*; öffentliche Toilette) als auch nach einem schönen **mirador** (*mi-ra-dor*; Aussichtspunkt) oder der besten **bar** (*bar*; Bar, Kneipe) der Stadt.

Im Spanischen gibt es wie im Deutschen zwei Varianten des Fragewortes **dónde**:

- **¿adónde?** (*a-don-de*; wohin?)
- **¿de dónde?** (*de don-de*; woher?)

Anwendungsmöglichkeiten dieser Fragewörter sind:

- **¿De dónde eres?** (*de don-de e-reß*; Woher bist du?)
- **¿Adónde vamos?** (*a-don-de ba-moß*; Wohin gehen wir?)

- **¿De dónde viene?** (*de don-de bie-ne*; Woher kommt er? Woher kommen Sie (Sg.)?)
- **¿Adónde se mudó?** (*a-don-de ße mu-do*; Wohin ist er gezogen? Wo sind Sie (Sg.) hingezogen?)

Das Fragewort **dónde** wird sehr häufig in Verbindung mit dem Verb **estar** verwendet. **Estar** kann entweder mit »sein« oder mit »sich befinden« übersetzt werden. Mehr über die Verwendung von **estar** können Sie in Kapitel 4 nachlesen.

Sehen Sie sich diese Beispiele zum Gebrauch von **dónde** mit **estar** an:

- **¿Dónde está el Museo de Bellas Artes?** (*don-de eß-ta el mu-ße-o de be-jaß ar-teß*; Wo ist das Museum der Schönen Künste?)
- **¿Dónde estamos ahora?** (*don-de eß-ta-moß a-o-ra*; Wo sind wir jetzt?)
- **¿Dónde está el Hotel del Camino?** (*don-de eß-ta el o-tel del ka-mi-no*; Wo ist das Hotel del Camino?)
- **¿Dónde vais a estar?** (*don-de baiß a eß-tar*; Wo werdet ihr sein?)
- **¿Dónde estoy?** (*don-de eß-toi*; Wo bin ich?)

Nach diesen Sehenswürdigkeiten und Orten könnten Sie zum Beispiel fragen:

- **el centro** (*el then-tro*; das Zentrum)
- **el restaurante** (*el rreß-tau-ran-te*; das Restaurant)

- **la iglesia** (*la i-gle-ßia*; die Kirche)
- **el hotel** (*el o-tel*; das Hotel)
- **el museo** (*el mu-ße-o*; das Museum)
- **el mercado** (*el mer-ka-do*; der Markt)
- **la estación** (*la eß-ta-thion*; der Bahnhof)
- **la oficina de correos** (*la o-fi-thi-na de ko-rre-oß*; die Post)
- **el río** (*el rrio*; der Fluss)
- **el parque** (*el par-ke*; der Park)
- **la calle** (*la ka-je*; die Straße)
- **la plaza** (*la pla-tha*; der Platz)

## Wegbeschreibungen

Ob Sie nun wandern gehen oder sich einfach in einer Region zurechtfinden wollen – **un mapa** (*un ma-pa*; eine Karte) ist unabdingbar. Mit **un mapa de la ciudad** (*un ma-pa de la thiu-dad*; Stadtplan) finden Sie auch in der Stadt Ihren Weg.

Wer eine Frage nach dem Weg stellt, sollte auch die Antwort verstehen können. Diese Wörter helfen Ihnen dabei weiter:

- **a la izquierda** (*a la ith-kier-da*; links)
- **a la derecha** (*a la de-re-tscha*; rechts)
- **derecho** (*de-re-tscho*; geradeaus)
- **girar** (*chi-rar*; abbiegen)
- **seguir** (*ße-gir*; weitergehen)

- **caminar** (*ka-mi-nar*; gehen, wandern)
- **la manzana** (*la man-tha-na*; der Häuserblock; *wörtlich:* der Apfel)

Hier typische Antworten auf die Frage nach dem Weg:

- **Vaya siempre derecho hasta la catedral.** (*ba-ja ßiem-pre de-re-tscho aß-ta la ka-te-dral*; Gehen Sie immer geradeaus bis zur Kathedrale.)
- **Después gire a la izquierda.** (*deß-pueß chi-re a la ith-kier-da*; Danach biegen Sie nach links ab.)
- **La parada está a la derecha.** (*la pa-ra-da eß-ta a la de-re-tscha*; Die Haltestelle ist rechts.)

**Gire** (*chi-re*) und **vaya** (*ba-ja*) sind Imperativ-Formen – erstere eine regelmäßige des Verbs **girar** (*chi-rar*; abbiegen), letztere eine unregelmäßige des Verbs **ir** (*ir*; gehen). Den Imperativ verwenden Sie, wenn Sie jemanden auffordern, etwas zu tun. Weitere typische Imperative im Zusammenhang mit Wegbeschreibungen sind: **salga** (*ßal-ga*; gehen Sie raus), **siga** (*ßi-ga*; folgen Sie), **suba** (*ßu-ba*; gehen Sie rauf) sowie **cruza** (*kru-tha*; überqueren Sie).

Die Antwort kann auch etwas detailreicher ausfallen, wie Sie in der folgenden Wegbeschreibung sehen:

- **Disculpe, ¿cómo llego al Museo Nacional Reina Sofía?** (*diß-kul-pe, ko-mo je-go al mu-ße-o na-thio-nal rrei-na ßo-fia*; Entschuldigen Sie. Wie komme ich zum Museo Nacional Reina Sofía?)

- **Salga del hotel.** (*ßal-ga del o-tel*; Gehen Sie aus dem Hotel.)
- **Al salir vaya hacia la izquierda.** (*al ßa-lir ba-ja a-thia la ith-kier-da*; Wenn Sie rauskommen, gehen Sie nach links.)
- **Camine hasta la segunda calle.** (*ka-mi-ne aß-ta la ße-gun-da ka-je*; Gehen Sie bis zur zweiten Straße.)
- **Vaya derecho hasta la Plaza de la Libertad.** (*ba-ja de-re-tscho aß-ta la pla-tha de la li-ber-tad*; Gehen Sie geradeaus bis zur Plaza de la Libertad (Platz der Freiheit).)
- **Cruce la plaza.** (*kru-the la pla-tha*; Überqueren Sie den Platz.)
- **Gire a la derecha, una manzana y ya llega al museo.** (*chi-re a la de-re-tscha u-na man-tha-na i ja je-ga al mu-ße-o*; Biegen Sie nach rechts ab, einen Häuserblock und schon kommen Sie beim Museum an.)

### *Sagen, wo etwas ist*

Mit den folgenden Präpositionen können Sie erklären, wo Sie sich befinden, oder wo etwas oder jemand zu finden ist.

- **delante de** (*de-lan-te de*; vor)
- **detrás de** (*de-traß de*; hinter)
- **al lado de** (*al la-do de*; neben)
- **en frente de** (*en fren-te de*; gegenüber)
- **en** (*en*; in)

- **adentro** (*a-den-tro*; drinnen, herein, rein)
- **afuera** (*a-fue-ra*; draußen, hinaus)
- **abajo** (*a-wa-cho*; (nach) unten, runter)
- **arriba** (*a-rri-wa*; (nach) oben, rauf)
- **a la izquierda** (*a la ith-kier-da*; links)
- **a la derecha** (*a la de-re-tscha*; rechts)

Üben Sie die Ortsangaben mit folgenden Sätzen:

- **Paula está delante de la estación.** (*pau-la eß-ta de-lan-te de la eß-ta-thion*; Paula ist vor dem Bahnhof.)
- **Clara está detrás de la casa.** (*kla-ra eß-ta de-traß de la ka-ßa*; Clara ist hinter dem Haus.)
- **La pastelería está al lado del banco.** (*la paß-te-le-ria eß-ta al la-do del bang-ko*; Die Konditorei befindet sich neben der Bank.)
- **En frente del banco hay una zapatería.** (*en fren-te del bang-ko ai u-na tha-pa-te-ria*; Gegenüber der Bank gibt es ein Schuhgeschäft.)
- **Las mesas del café están afuera.** (*laß me-ßaß del ka-fe eß-tan a-fue-ra*; Die Tische des Cafés sind draußen.)
- **Cuando llueve ponen las mesas adentro.** (*kuan-do jue-we po-nen laß me-ßaß a-den-tro*; Wenn es regnet, stellen sie die Tische rein.)
- **Juana está arriba en el primer piso.** (*chua-na eß-ta a-rri-wa en el pri-mer pi-ßo*; Juana ist oben, im ersten Stock.)

- ✔ **Abajo tenemos más ropa.** (*a-wa-cho te-ne-moß maß rro-pa*; Unten haben wir mehr Kleidung.)

- ✔ **A la izquierda de la oficina de correos hay un restaurante muy recomendable.** (*a la ith-kier-da de la o-fi-thi-na de ko-rre-oß ai un rreß-tau-ran-te mui rre-ko-men-da-ble*; Links von der Post gibt es ein sehr empfehlenswertes Restaurant.)

- ✔ **A la derecha de este edificio azul está nuestra casa.** (*a la de-re-tscha de eß-te e-di-fi-thio a-thul eß-ta nueß-tra ka-ßa*; Rechts von diesem blauen Gebäude ist unser Haus.)

Die Wörter **derecha** (*de-re-tscha*) und **derecho** (*de-re-tscho*) unterscheiden sich nur durch ihren letzten Buchstaben. Der Bedeutungsunterschied ist jedoch sehr wichtig, wenn Sie einer Wegbeschreibung korrekt folgen wollen: **Derecho** bedeutet »geradeaus«, **derecha** hingegen »rechts«.

### *Kleiner Wortschatz*

| **Spanisch** | **Aussprache** | **Deutsch** |
|---|---|---|
| la pastelería | *la paß-te-le-ria* | die Konditorei |
| la zapatería | *la tha-pa-te-ria* | das Schuhgeschäft |
| la piscina | *la piß-thi-na* | das Schwimmbad |
| llover | *jo-wer* | regnen |
| la ropa | *la rro-pa* | die Kleidung |

### *»Cerca« und »lejos«: Wie weit Sie gehen sollten*

Die Wörter **cerca** (*ther-ka*; nah, in der Nähe) und **lejos** (*le-choß*; fern, weit weg) sind wichtig, wenn Sie sich entscheiden müssen, ob Sie einen Weg zu Fuß gehen oder doch lieber den nächsten Bus nehmen. Sie können durch das Wörtchen **muy** (*mui*; sehr) verstärkt werden:

- **muy cerca** (*mui ther-ka*; ganz in der Nähe)
- **muy lejos** (*mui le-choß*; sehr weit weg)

So fragen Sie nach der Entfernung:

- **¿Está lejos el cine Verdi?** (*eß-ta le-choß el thi-ne ber-di*; Ist das Kino Verdi weit weg?)
- **¿La estación de trenes está lejos de aqui?** (*la eß-ta-thion de tre-neß eß-ta le-choß de a-ki*; Ist der Bahnhof weit weg (von hier)?)

## Eine Reise buchen und stornieren

Endlich Urlaub! So buchen Sie einen Flug:

- **Quisiera reservar dos vuelos a Menorca.** (*ki-ßie-ra rre-ßer-war doß bue-loß a me-nor-ka*; Ich würde gerne zwei Flüge nach Menorca buchen.)
- **¿Cuándo desea viajar?** (*kuan-do de-ße-a bia-char*; Wann würden Sie gerne reisen?)
- **Queremos viajar en mayo para hacer senderismo.** (*ke-re-moß bia-char en ma-jo pa-ra a-ther ßen-de-riß-mo*; Wir wollen im Mai reisen, um Wandern zu gehen. *Wörtlich*: Wollen reisen im Mai für machen Wandern.)
- **Tenemos una oferta especial el 15 de mayo.** (*te-ne-moß u-na o-fer-ta eß-pe-thial el kin-the de ma-jo*; Wir haben ein Sonderangebot am 15. Mai.)

- **¿Cuándo sale el vuelo?** (*kuan-do ßa-le el bue-lo*; Wann geht der Flug?)
- **Sale a las nueve y media de la mañana.** (*ßa-le a laß nue-we i me-dia de la ma-nja-na*; Er geht um halb zehn morgens.)
- **¿Cuándo quieren volver?** (*kuan-do kie-ren bol-wer*; Wann wollen Sie zurückkommen?)
- **El domingo por la tarde.** (*el do-ming-go por la tar-de*; Am Sonntagabend.)
- **Quiero reservar este vuelo.** (*kie-ro rre-ßer-war eß-te bue-lo*; Ich möchte diesen Flug buchen.)

Und so stornieren Sie eine Reise:

- **Quisiera cancelar un viaje a Sevilla.** (*ki-ßie-ra kan-the-lar un bia-che a ße-wi-ja*; Ich würde gerne eine Reise nach Sevilla stornieren.)
- **¿En qué fecha es el viaje?** (*en ke fe-tscha eß el bia-che*; An welchem Datum ist die Reise?)
- **El lunes próximo, el 15 de agosto.** (*el lu-neß pro-xi-mo el kin-the de a-goß-to*; Nächsten Montag, am 15. August.)
- **¿Tiene un seguro de anulación?** (*tie-ne un ße-gu-ro de a-nu-la-thion*; Haben Sie eine Rücktrittsversicherung?)
- **Sí, aquí tiene la confirmación.** (*ßi a-ki tie-ne la kon-fir-ma-thion*; Ja. Hier haben Sie die Bestätigung.)

- **¿A qué nombre está la reservación?** (*a ke nom-bre eß-ta la rre-ßer-wa-thion*; Auf welchen Namen ist die Reservierung?)
- **A nombre de Sebastian Schneider.** (*a nom-bre de ße-baß-tian schnei-der*; Auf den Namen Sebastian Schneider.)
- **Ya lo he cancelado.** (*ja lo e kan-the-la-do*; Ich habe es schon storniert.)

### Kleiner Wortschatz

| Spanisch | Aussprache | Deutsch |
|---|---|---|
| cancelar | *kan-the-lar* | stornieren |
| la reservación | *la rre-ßer-wa-thion* | die Reservierung |
| el seguro de anulación | *el ße-gu-ro de a-nu-la-thion* | die Rücktrittsversicherung |
| a nombre de ... | *a nom-bre de ...* | auf den Namen ... |

# In Hotel und Pension

# 10

### In diesem Kapitel

- ✔ Eine Unterkunft finden
- ✔ In einem Hotel einchecken
- ✔ Die Verben »despertar« und »dormir« verwenden
- ✔ Eine Wohnung oder ein Haus mieten

Schlafen Sie gut in Ihren Ferien! In diesem Kapitel erhalten Sie alle Informationen, die Sie brauchen, um sich eine Unterkunft (**alojamiento**; *a-lo-cha-mien-to*) nach Ihren Wünschen zu suchen – sei es das Hotelzimmer mit besonderem Komfort oder die rustikale Ferienwohnung auf dem Land.

## Eine passende Unterkunft finden

Wenn Sie eine kleine Vorauswahl für Ihre Unterkunft treffen wollen, hilft Ihnen diese Liste weiter:

- ✔ **media pensión** (*me-dia pen-ßion*; Halbpension)
- ✔ **pensión completa** (*pen-ßion kom-ple-ta*; Vollpension)
- ✔ **el hotel** (*el o-tel*; das Hotel)
- ✔ **el hostal** (*el oß-tal*; das Gasthaus, das Hostel)
- ✔ **el chalé** (*el tscha-le*; das Ferienhaus)
- ✔ **la pensión** (*la pen-ßion*; die Pension)
- ✔ **el apartamento (de vacaciones)** (*el a-par-ta-men-to de ba-ka-thio-neß*; die (Ferien-)Wohnung)

- **la casa rural** (*la ka-ßa rru-ral*; das Landhaus)
- **el apartahotel** (*el a-par-ta-o-tel*, das Aparthotel; Wohnung mit Hotelservice)
- **una estrella** (*u-na eß-tre-ja*; ein Stern; sowohl der Himmelskörper als auch die Hotelkategorie)
- **tres estrellas** (*treß eß-tre-jaß*; drei Sterne)
- **el hotel de lujo** (*el o-tel de lu-cho*; das Luxushotel)

Wer schon einmal im Internet eine Unterkunft gebucht hat, weiß, wie viele Fallen locken: Wie sieht das Zimmer wirklich aus? Hat es ein eigenes Bad oder gibt es nur ein Gemeinschaftsbad im Flur? Wie ist das Zimmer im Hotel gelegen? Wenn Sie das und anderes interessiert, sollten Sie noch einmal genauer nachfragen.

Diese Ausdrücke und Wendungen helfen Ihnen, deutlich zu machen, was Sie wünschen:

- **una habitación al interior** (*u-na a-wi-ta-thion al in-te-rior*; ein Zimmer zum Hof; *wörtlich:* nach innen)
- **una habitación con vista al mar** (*u-na a-wi-ta-thion con biß-ta al mar*; ein Zimmer mit Blick aufs Meer)
- **una habitación tranquila** (*u-na a-wi-ta-thion trang-ki-la*; ein ruhiges Zimmer)
- **con baño** (*kon ba-njo*; mit Bad)
- **con ducha** (*kon du-tscha*; mit Dusche)
- **con agua caliente** (*kon a-gua ka-lien-te*; mit warmem Wasser)
- **con minibar** (*kon mi-ni-bar*; mit Minibar)

- ✔ **la habitación de matrimonio** (*la a-wi-ta-thion de ma-tri-mo-nio*; das Zimmer mit Doppelbett; *wörtlich:* das Ehezimmer)
- ✔ **la habitación individual** (*la a-wi-ta-thion in-di-wi-dual*; das Einzelzimmer)

... und was Sie vielleicht nicht wünschen:

- ✔ **una habitación ruidosa** (*u-na a-wi-ta-thion rrui-do-ßa*; ein lautes Zimmer)
- ✔ **una habitación a la calle** (*u-na a-wi-ta-thion a la ka-je*; ein Zimmer zur Straße raus)
- ✔ **solo con agua fría** (*ßo-lo kon a-gua fria*; nur mit kaltem Wasser)
- ✔ **sin baño propio** (*ßin ba-njo pro-pio*; ohne eigenes Bad)

Wenn Sie mit dem Auto anreisen, sollten Sie nach Parkmöglichkeiten fragen:

- ✔ **¿Hay un aparcamiento para mi coche?** (*ai un a-par-ka-mien-to pa-ra mi ko-tsche*; Gibt es einen Parkplatz für mein Auto?)
- ✔ **Sí. Tenemos un aparcamiento detrás del hotel.** (*ßi te-ne-moß un a-par-ka-mien-to de-traß del o-tel*; Ja. Wir haben einen Parkplatz hinterm Hotel.)

## Ein Zimmer reservieren

So buchen Sie ein Zimmer an der Rezeption:

- ✔ **Necesito una habitación con baño.** (*ne-the-ßi-to u-na a-wi-ta-thion kon ba-njo*; Ich brauche ein Zimmer mit Bad.)

- **¿Le gusta hacia la calle o hacia el patio?** (*le guß-ta a-thia la ka-je o a-thia el pa-tio*; Hätten Sie lieber eines nach vorne oder nach hinten raus? *Wörtlich:* Gefällt es Ihnen zur Straße oder zum Hof?)
- **Prefiero hacia el patio.** (*pre-fie-ro a-thia el pa-tio*; Lieber zum Hof. *Wörtlich:* Ich ziehe zum Hof vor.)
- **Las habitaciones hacia el patio cuestan ochenta euros, sin desayuno.** (*laß a-wi-ta-thio-neß a-thia el pa-tio kueß-tan o-tschen-ta eu-roß ßin deß-a-ju-no*; Die Zimmer zum Hof kosten 80 Euro ohne Frühstück.)
- **¿Prefiere con cama matrimonial o con dos camas?** (*pre-fie-re kon ka-ma ma-tri-mo-nial o kon doß ka-maß*; Bevorzugen Sie ein Doppelbett (*wörtlich:* Ehebett) oder zwei (einzelne) Betten?)
- **Prefiero con dos camas.** (*pre-fie-ro kon doß ka-maß*; Lieber mit zwei Betten.)
- **Tengo disponible una habitación en el primer piso.** (*teng-go diß-po-ni-ble u-na a-wi-ta-thion en el pri-mer pi-ßo*; Ich habe im ersten Stock ein Zimmer verfügbar.)
- **Quiero ver la habitación.** (*kie-ro ber la a-wi-ta-thion*; Ich möchte das Zimmer sehen.)
- **Aquí está la llave. Le acompaño.** (*a-ki eß-ta la ja-we le a-kom-pa-njo*; Hier ist der Schlüssel. Ich begleite Sie. *Wörtlich:* (Ich) Sie begleite.)

### Kleiner Wortschatz

| Spanisch | Aussprache | Deutsch |
|---|---|---|
| el patio | *el pa-tio* | der Hof |
| el baño | *el ba-njo* | das Bad, das Badezimmer |
| hacia | *a-thia* | nach, gegen, zu |
| preferir | *pre-fe-rir* | vorziehen, lieber tun, bevorzugen |
| la cama | *la ka-ma* | das Bett |
| matrimonial | *ma-tri-mo-nial* | ehelich |
| la cama matrimonial | *la ka-ma ma-tri-mo-nial* | das Doppelbett, das Ehebett |
| disponible | *diß-po-ni-ble* | verfügbar |
| ver | *ber* | sehen |
| acompañar | *a-kom-pa-njar* | begleiten |
| la llave | *la ja-we* | der Schlüssel |

Gefällt Ihnen, was Sie sehen? So fragen Sie nach den Details:

- ✔ **¿La habitación tiene televisión?** (*la a-wi-ta-thion tie-ne te-le-wi-ßion*; Das Zimmer hat Fernsehen?)
- ✔ **Sí, está dentro de este mueble.** (*ßi eß-ta den-tro de eß-te mue-ble*; Ja. Er ist in diesem Schrank (*wörtlich:* Möbelstück).)
- ✔ **Aquí está el mando a distancia.** (*a-ki eß-ta el man-do a diß-tan-thia*; Hier ist die Fernbedienung.)
- ✔ **¿Se puede ver canales en alemán?** (*ße pue-de ber ka-na-leß en a-le-man*; Kann man deutsche Sender (*wörtlich:* Kanäle) sehen?)

- **Sí, hay muchos canales en alemán, en inglés y también en español.** (*ßi ai mu-tschoß ka-na-leß en a-le-man en ing-gleß i tam-bien en eß-pa-njol*; Ja, es gibt viele Sender (*wörtlich:* Kanäle) auf Deutsch, Englisch und auch auf Spanisch.)

### Kleiner Wortschatz

| Spanisch | Aussprache | Deutsch |
|---|---|---|
| la televisión | *la te-le-wi-ßion* | das Fernsehen |
| el mueble | *el mue-ble* | das Möbelstück |
| el canal | *el ka-nal* | der Kanal |
| el mando (a distancia) | *el man-do (a diß-tan-thia)* | die Fernbedienung |

## Im Hotel einchecken

Da Ihnen das gesehene Zimmer gefällt, möchten Sie einchecken. Die folgenden Sätze helfen Ihnen dabei:

- **Me gusta la habitación. La voy a tomar.** (*me guß-ta la a-wi-ta-thion la boi a to-mar*; Mir gefällt das Zimmer. Ich werde es nehmen.)
- **¿Cuántos días desea quedarse?** (*kuan-toß diaß de-ße-a ke-dar-ße*; Wie viele Tage wünschen Sie zu bleiben?)
- **Me quedo/Nos quedamos por tres días.** (*me ke-do/noß ke-da-moß por treß diaß*; Ich bleibe/Wir bleiben drei Tage.)
- **Haga el favor de registrarse.** (*a-ga el fa-wor de rre-chiß-trar-ße*; Melden Sie sich bitte an. (*Wörtlich:* Tun Sie den Gefallen, sich anzumelden.))

- ✔ **El desayuno no está incluido en el precio. ¿Desea desayunar?** (*el deß-a-ju-no no eß-ta in-klui-do en el pre-thio deße-a deß-a-ju-nar*; Das Frühstück ist nicht im Preis inbegriffen. Wünschen Sie zu frühstücken?)
- ✔ **¿Cuánto cuesta el desayuno?** (*kuan-to kueß-ta el deß-a-ju-no*; Wie viel kostet das Frühstück?)
- ✔ **Con/Sin desayuno por favor.** (*kon/ßin deß-a-ju-no por fa-wor*; Mit/Ohne Frühstück, bitte.)
- ✔ **¿Puedo pagar con tarjeta de crédito?** (*pue-do pa-gar kon tar-che-ta de kre-di-to*; Kann ich mit Kreditkarte bezahlen?)
- ✔ **¿Me puede despertar a las siete de la mañana?** (*me pue-de deß-per-tar a laß ßie-te de la ma-nja-na*; Können Sie mich um sieben Uhr morgens wecken?)

### *Kleiner Wortschatz*

| Spanisch | Aussprache | Deutsch |
|---|---|---|
| el favor | *el fa-wor* | der Gefallen |
| quedarse | *ke-dar-ße* | bleiben (*wörtlich:* sich bleiben) |
| registrarse | *rre-chiß-trar-ße* | sich anmelden, einchecken (in einem Hotel) |
| incluido | *in-klui-do* | inbegriffen |
| ¿Cuánto? | *kuan-to* | Wie viel? |
| cuesta | *kueß-ta* | es kostet |
| despertar | *deß-per-tar* | wecken, aufwecken |

Mehr über Geld und Bezahlen erfahren Sie in Kapitel 3.

### *Das Registrierungsformular*

Diese Begriffe brauchen Sie, wenn Sie **el boletín de inscripción** (*el bo-le-tin de in-ßkrip-thion*; das Registrierungsformular) der Unterkunft und ähnliche Formulare ausfüllen wollen:

- **el nombre y el apellido** (*el nom-bre i el a-pe-ji-do*; der Name und der Nachname)
- **la fecha de nacimiento** (*la fe-tscha de na-thi-mien-to*; das Geburtsdatum)
- **el lugar de nacimiento** (*el lu-gar de na-thi-mien-to*; der Geburtsort)
- **la dirección permanente** (*la di-rek-thion per-ma-nen-te*; der ständige Wohnsitz; *wörtlich*: die ständige Adresse)
- **la calle, la ciudad, el estado o la provincia** (*la ka-je la thiu-dad el eß-ta-do o la pro-win-thia*; die Straße, die Stadt, der Staat oder die Provinz)
- **el país, el código postal, el teléfono** (*el paiß el ko-di-go poß-tal el te-le-fo-no*; das Land, die Postleitzahl, das Telefon)
- **el número de pasaporte** (*el nu-me-ro de pa-ßa-por-te*; die Passnummer)
- **la fecha de llegada** (*la fe-tscha de je-ga-da*; das Ankunftsdatum)
- **la fecha de partida/salida** (*la fe-tscha de par-ti-da/ßa-li-da*; das Abreisedatum)
- **Si viene con vehículo ...** (*ßi bie-ne kon be-i-ku-lo*; Wenn Sie mit einem Fahrzeug kommen ... )

- **la placa de matrícula** (*la pla-ka de ma-tri-ku-la*; das Nummernschild, das Kfz-Kennzeichen)
- **la fecha de expiración** (*la fe-tscha de eß-pi-ra-thion*; gültig bis; *wörtlich:* das Ablaufdatum)

### Kleiner Wortschatz

| Spanisch | Aussprache | Deutsch |
|---|---|---|
| rellenar un formulario | *rre-je-nar un for-mu-la-rio* | ein Formular ausfüllen |
| la fecha | *la fe-tscha* | das Datum |
| el lugar | *el lu-gar* | der Ort |
| el vehículo | *el be-i-ku-lo* | das Fahrzeug |
| expirar | *eß-pi-rar* | ablaufen (Frist) |
| la dirección | *la di-rek-thion* | die Adresse, die Richtung |

Vor allem wenn Sie in Lateinamerika reisen, sollten Sie sich immer vergewissern, ob das Leitungswasser trinkbar ist. So fragen Sie danach:

- **¿Es potable el agua del hotel?** (*eß po-ta-ble el a-gua del o-tel*; Ist das Wasser des Hotels trinkbar?)
- **Sí, y también tenemos agua embotellada.** (*ßi i tam-bien te-ne-moß a-gua em-bo-te-ja-da*; Ja, und wir haben auch Wasser in Flaschen.)
- **¿Dónde encuentro el agua?** (*don-de en-kuen-tro el a-gua*; Wo finde ich das Wasser?)
- **Las botellas están en su habitación.** (*las bo-te-jaß eß-tan en ßu a-wi-ta-thion*; Die Flaschen sind in Ihrem Zimmer.)

### *Kleiner Wortschatz*

| Spanisch | Aussprache | Deutsch |
|---|---|---|
| el agua | *el a-gua* | das Wasser |
| potable | *po-ta-ble* | trinkbar |
| agua potable | *a-gua po-ta-ble* | Trinkwasser |
| embotellado/a | *em-bo-te-ja-do/a* | in Flaschen abgefüllt |

### *Schlafen Sie gut mit dem Verb »dormir«*

Wenn Sie den ganzen Tag im Auto, Zug oder Flugzeug verbracht haben, wollen Sie nur noch eines: **dormir** (*dor-mir*; schlafen)! Die unregelmäßigen Formen des Verbs **dormir** sind in der folgenden Konjugationstabelle fett markiert:

| Konjugation | Aussprache |
|---|---|
| yo d**ue**rmo | *jo duer-mo* |
| tú d**ue**rmes | *tu duer-meß* |
| él, ella, usted d**ue**rme | *el, e-ja, uß-ted duer-me* |
| nosotros dormimos | *no-ßo-troß dor-mi-moß* |
| vosotros dormís | *bo-ßo-troß dor-miß* |
| ellos, ustedes d**ue**rmen | *e-joß, uß-te-deß duer-men* |

Vielleicht ist es Ihnen schon aufgefallen: Bei unregelmäßigen Verben verändert sich häufig der Stamm des Verbs. Die Formen von **nosotros** (wir) und **vosotros** (ihr) behalten jedoch meistens den regelmäßigen Stamm bei.

Üben Sie das Verb **dormir** mit diesen Sätzen:

- ✔ **Yo duermo ocho horas todos los días.** (*jo duer-mo o-tscho o-raß to-doß loß diaß*; Ich schlafe jeden Tag acht Stunden.)

- ✔ **Los invitados duermen en tu dormitorio.** (*loß in-bi-ta-doß duer-men en tu dor-mi-to-rio*; Die Gäste schlafen in deinem Schlafzimmer.)

- ✔ **En mi cama duermen dos gatos.** (*en mi ka-ma duer-men doß ga-toß*; In meinem Bett schlafen zwei Katzen.)

- ✔ **Duermes con un osito de peluche.** (*duer-meß kon un o-ßi-to de pe-lu-tsche*; Du schläfst mit einem Teddybärchen.)

- ✔ **Tengo sueño; quiero dormir.** (*teng-go ßue-njo kie-ro dor-mir*; Ich bin müde; ich will schlafen.)

### Wenn Sie aufwachen wollen: Das Verb »despertar«

Stellen Sie sich vor, morgen um sechs Uhr geht Ihr Rückflug und Sie haben Ihren **despertador** (*deß-per-ta-dor*; Wecker) vergessen. Am besten Sie fragen an der Rezeption, ob Sie rechtzeitig geweckt werden könnten – mit dem Verb **despertar** (*deß-per-tar*; wecken, aufwecken). **Despertar** ist ein unregelmäßiges Verb. Der Stamm **despert-** wird in einigen Formen zu **despiert-**. Sehen Sie sich die Tabelle an; die unregelmäßigen Stellen sind fett markiert:

| Konjugation | Aussprache |
|---|---|
| yo despierto | *jo deß-pier-to* |
| tú despiertas | *tu deß-pier-taß* |
| él, ella, usted despierta | *el, e-ja, uß-ted deß-pier-ta* |
| nosotros despertamos | *no-ßo-troß deß-per-ta-moß* |
| vosotros despertáis | *bo-ßo-troß deß-per-taiß* |
| ellos, ustedes despiertan | *e-joß, uß-te-deß deß-pier-tan* |

So verwenden Sie **despertar**:

- **¿Me puede despertar mañana a las cinco de la mañana?** (*me pue-de deß-per-tar ma-nja-na a laß thing-ko de la ma-nja-na*; Können Sie mich morgen um fünf Uhr früh (*wörtlich*: morgens) wecken?)
- **Yo me despierto temprano en la mañana.** (*jo me deß-pier-to tem-pra-no en la ma-nja-na*; Ich wache früh morgens auf.)
- **Uno de mis hijos siempre se despierta en medio de la noche.** (*u-no de miß i-choß ßiem-pre ße deß-pier-ta en me-dio de la no-tsche*; Eines meiner Kinder wacht immer mitten in der Nacht auf.)
- **Te despierto mañana a las siete para desayunar juntos.** (*te deß-pier-to ma-nja-na a laß ßie-te pa-ra deß-a-ju-nar chun-toß*; Ich wecke dich morgen um sieben, um gemeinsam zu frühstücken.)
- **Cada noche el perro de mis vecinos me despierta.** (*ka-da no-tsche el pe-rro de miß be-thi-noß me deß-pier-ta*; Jede Nacht weckt mich der Hund meiner Nachbarn auf.)

### *Weitsicht oder Straßenlärm?*

Das Stockwerk Ihres Hotelzimmers kann einen großen Unterschied machen! Deswegen ist es hilfreich die Bezeichnung für die Stockwerke zu kennen:

- **la planta baja** (*la plan-ta ba-cha*; das Erdgeschoss)
- **el primer piso** (*el pri-mer pi-ßo*; der erste Stock)
- **el segundo piso** (*el ße-gun-do pi-ßo*; der zweite Stock)
- **el tercer piso** (*el ter-ther pi-ßo*; der dritte Stock)
- **el ático** (*el a-ti-ko*; das Dachgeschoss)

Die Ordnungszahlen finden Sie in Kapitel 3.

## Eine Wohnung oder ein Haus mieten

Wenn Sie in Spanien **un apartamento** (*un a-par-ta-men-to*; eine Wohnung) oder **una casa** (*u-na ka-ßa*; ein Haus) mieten wollen – sei es für den Sommer oder für einen längeren Aufenthalt – gibt es einige Dinge, die Sie beachten sollten.

Vor allem in Mittel- und Südspanien haben viele Wohnungen keine Heizung. Im Herbst und im Winter kann es dennoch – vor allem nachts – empfindlich kalt werden. Fragen Sie deswegen unbedingt nach, ob die anvisierte Wohnung über eine Heizung verfügt, und packen Sie, wenn nicht, warme Decken und dicke Pullover ein.

Wichtig ist es auch, nach den Nebenkosten und einer etwaigen Endreinigung zu fragen. Diese Kosten sind nicht immer in der Wohnungsanzeige angegeben.

Diese Wörter helfen Ihnen weiter:

- **los gastos adicionales** (*loß gaß-toß a-di-thio-na-les*; die Nebenkosten, die Auslagen)
- **el alquiler con gastos adicionales** (*el al-ki-ler kon gaß-toß a-di-thio-na-les*; die Warmmiete, *wörtlich*: die Miete mit Nebenkosten)
- **el alquiler sin gastos adicionales** (*el al-ki-ler ßin gaß-toß a-di-thio-na-les*; die Kaltmiete, *wörtlich*: die Miete ohne Nebenkosten)
- **la luz** (*la luth*; der Strom; *wörtlich*: das Licht)
- **el gas** (*el gaß*; das Gas)
- **la calefacción** (*la ka-le-fak-thion*; die Heizung)
- **la limpieza final** (*la lim-pie-tha fi-nal*; die Endreinigung)

Suchen Sie ein Ferienhaus? In den **anuncios de inmuebles** (*a-nun-thioß de in-mue-bleß*; Immobilienanzeigen) werden Sie verschiedene Ausdrücke finden:

- **la casa de una planta** (*la ka-ßa de u-na plan-ta*; das einstöckige Haus; *wörtlich*: das Haus von einer Etage)
- **la casa de dos pisos** (*la ka-ßa de doß pi-ßoß*; das zweistöckige Haus; *wörtlich*: das Haus von zwei Etagen)
- **la casa rústica** (*la ka-ßa rruß-ti-ka*; das Bauernhaus)
- **la casa unifamiliar** (*la ka-ßa u-ni-fa-mi-liar*; das Einfamilienhaus)

- **la casa amueblada** (*la ka-ßa a-mue-bla-da*; das möblierte Haus)

Nicht alles, was **casa** heißt, ist ein richtiges Haus (aber vielleicht trotzdem attraktiv):

- **la casa flotante** (*la ka-ßa flo-tan-te*; das Hausboot)
- **la casa remolque** (*la ka-ßa rre-mol-ke*; der Wohnwagen)

### Bei der Wohnungsvermittlung

Häufig werden Sie eine Wohnung oder ein Haus im Internet oder aber in einem Vermittlungsbüro mieten. Diese Sätze helfen Ihnen dabei:

- **Queremos alquilar un apartamento para dos adultos y tres niños.** (*ke-re-moß al-ki-lar un a-par-ta-men-to pa-ra doß a-dul-toß i treß ni-njoß*; Wir wollen eine Wohnung für zwei Erwachsene und drei Kinder mieten.)
- **Necesito un apartamento desde el primero de junio hasta el primero de agosto.** (*ne-the-ßi-to un a-par-ta-men-to des-de el pri-me-ro de chu-nio aß-ta el pri-me-ro de a-goß-to*; Ich brauche eine Wohnung vom ersten Juni bis zum ersten August.)
- **¿Cuánto cuesta el apartamento para dos semanas?** (*kuan-to kueß-ta el a-par-ta-men-to pa-ra doß ße-ma-naß*; Wie viel kostet die Wohnung für zwei Wochen?)
- **Busco un apartamento amueblado.** (*buß-ko un a-par-ta-men-to a-mue-bla-do*; Ich suche eine möblierte Wohnung.)

- **¿Está disponible este apartamento?** (*eß-ta diß-po-ni-ble eß-te a-par-ta-men-to*; Ist diese Wohnung frei (wörtlich: verfügbar)?)
- **¿Se puede ver el apartamento?** (*ße pue-de ber el a-par-ta-men-to*; Kann man die Wohnung anschauen?)

### Kleiner Wortschatz

| Spanisch | Aussprache | Deutsch |
|---|---|---|
| buscar | *buß-kar* | suchen |
| amueblado/a | *a-mue-bla-do/a* | möbliert |
| ver | *ber* | sehen |
| el adulto | *el a-dul-to* | der Erwachsene |
| el niño | *el ni-njo* | das Kind |
| necesitar | *ne-the-ßi-tar* | brauchen |
| desde ... hasta | *des-de ... aß-ta* | von ... bis |
| para | *pa-ra* | für |

So fragen Sie noch einmal genauer nach:

- **¿Cuántos baños tiene esta casa?** (*kuan-toß ba-njoß tie-ne eß-ta ka-ßa*; Wie viele Badezimmer hat dieses Haus?)
- **¿Hay cocina a gas o eléctrica?** (*ai ko-thi-na a gaß o e-lek-tri-ka*; Gibt es einen Gas- oder einen Elektroherd?)
- **¿Cuántas habitaciones hay?** (*kuan-taß a-wi-ta-thio-neß ai*; Wie viele Zimmer gibt es?)
- **¿Tiene calefacción?** (*tiene ka-le-fak-thion*; Hat sie eine Heizung?)

Entspricht die Wohnung oder das Haus Ihren Vorstellungen, stellen sich noch einige Fragen zu den Konditionen:

✔ **¿Cuánto cuesta el apartamento/la casa al mes?** (*kuan-to kueß-ta el a-par-ta-men-to/la ka-ßa al meß*; Wie viel kostet die Wohnung/das Haus pro Monat?)

✔ **Cuesta ochocientos euros al mes.** (*kueß-ta o-tscho-thien-toß eu-roß al meß*; Achthundert Euro im Monat.)

✔ **¿El gas y el agua están incluidos en el alquiler?** (*el gaß i el a-gua eß-tan in-klui-doß en el al-ki-ler*; Sind Gas und Wasser in der Miete inbegriffen?)

✔ **No, el gas y el agua lo pagan ustedes.** (*no el gaß i el a-gua lo pa-gan uß-te-deß*; Nein, Gas und Wasser zahlen Sie.)

✔ **¿Se necesita hacer un depósito?** (*ße ne-the-ßi-ta a-ther un de-po-ßi-to*; Muss man eine Kaution zahlen (*wörtlich:* machen)?)

✔ **Sí. Necesito un depósito de ochocientos euros, más el alquiler del primer mes.** (*ßi ne-the-ßi-to un de-po-ßi-to de o-tscho-thien-toß eu-roß maß el al-ki-ler del pri-mer meß*; Ja, ich bekomme (*wörtlich*: brauche) eine Kaution von achthundert Euro, plus die erste Monatsmiete.)

### Kleiner Wortschatz

| Spanisch | Aussprache | Deutsch |
|---|---|---|
| la cocina | *la ko-thi-na* | die Küche, der Herd |
| la sala de estar | *la ßa-la de eß-tar* | das Wohnzimmer |
| el comedor | *el ko-me-dor* | das Esszimmer |
| el dormitorio | *el dor-mi-to-rio* | das Schlafzimmer |
| el frigorífico | *el fri-go-ri-fi-ko* | der Kühlschrank |
| el ascensor | *el aß-then-ßor* | der Aufzug |
| la vista | *la biß-ta* | der Blick, die Aussicht |
| la calefacción | *la ka-le-fak-thion* | die Heizung |

### *Auf Annoncen reagieren*

Wenn Sie eine interessante Wohnungsannonce gesehen haben, könnte so ein Telefongespräch aussehen:

- **Vimos su aviso en el periódico y llamamos por el apartamento.** (*bi-moß ßu a-wi-ßo en el pe-rio-di-ko i ja-ma-moß por el a-par-ta-men-to*; Wir haben Ihre Anzeige in der Tageszeitung gesehen und wir rufen wegen der Wohnung an.)
- **¿El apartamento está disponible aún?** (*el a-par-ta-men-to eß-ta diß-po-ni-ble aun*; Ist die Wohnung noch verfügbar?)
- **No, ya está ocupado.** (*no ja eß-ta o-ku-pa-do*; Nein, sie ist schon vergeben (*wörtlich*: besetzt).)
- **Está disponible a partir de domingo.** (*eß-ta diß-po-ni-ble a par-tir de do-ming-go*; Sie ist ab Sonntag verfügbar.)
- **¿Cuándo podemos verlo?** (*kuan-do po-de-moß ber-lo*; Wann können wir sie sehen?)
- **Mañana en la tarde se desocupa.** (*ma-nja-na en la tar-de ße deß-o-ku-pa*; Morgen Nachmittag wird sie frei.)
- **Os recomiendo otro apartamento.** (*oß rre-ko-mien-do o-tro a-par-ta-men-to*; Ich empfehle euch eine andere Wohnung.)

### *Kleiner Wortschatz*

| Spanisch | Aussprache | Deutsch |
|---|---|---|
| disponible | *diß-po-ni-ble* | verfügbar |
| el depósito | *el de-po-ßi-to* | die Kaution |
| ocupar | *o-ku-par* | besetzen, belegen |
| desocupar | *deß-o-ku-par* | frei machen, leer machen |
| más | *maß* | mehr, plus |
| el alquiler | *el al-ki-ler* | die Miete |
| incluido | *in-klui-do* | inbegriffen |
| pagar | *pa-gar* | bezahlen |
| necesitar | *ne-the-ßi-tar* | brauchen |

### *Mieten und vermieten: Das Verb »alquilar«*

**Alquilar** (*al-ki-lar*) bedeutet sowohl »mieten« als auch »vermieten«. Der Unterschied muss aus dem Zusammenhang geschlossen werden.

**Alquilar** ist ein regelmäßiges Verb. Sehen Sie sich die Konjugationstabelle für regelmäßige Verben auf -ar in Kapitel 2 an.

**Alquilar** wird so verwendet:

- **Busco una casa cerca de Sevilla para alquilar.** (*buß-ko u-na ka-ßa ther-ka de ße-wi-ja pa-ra al-ki-lar*; Ich suche ein Haus in der Nähe von Sevilla zum Mieten.)
- **Alquilamos apartamentos atractivos.** (*al-ki-la-moß a-par-ta-men-toß a-trak-ti-woß*; Wir vermieten attraktive Wohnungen.)

- **Emilia alquila una casa en las montañas.** (*e-mi-lia al-ki-la u-na ka-ßa en laß mon-ta-njaß*; Emilia mietet/vermietet ein Haus in den Bergen.)

# *Krankheiten und andere Notfälle* 11

*In diesem Kapitel*

- ✔ Um Hilfe rufen
- ✔ In der Apotheke und im Krankenhaus
- ✔ Mit dem Arzt und mit der Polizei kommunizieren
- ✔ Hilfe bei Diebstahl, Autounfällen und Pannen

Eine unvorhergesehene Situation bringt einen nicht nur im Ausland schnell aus dem Konzept. Deswegen ist es umso wichtiger, dass Sie die wichtigsten Sätze kennen, um in einem Notfall – sei es im Krankheitsfall, bei einem Unfall oder einem Konflikt mit der Polizei – reagieren zu können.

## *Um Hilfe rufen*

Wenn ein Unfall passiert, ist es wichtig, so rasch wie möglich auf sich und die Situation aufmerksam zu machen. So rufen Sie um Hilfe:

- ✔ **¡Socorro!** (*ßo-ko-rro*; Hilfe!)
- ✔ **¡Auxilio!** (*au-kßi-lio*; Hilfe!)
- ✔ **¡Ayúdeme!** (*a-ju-de-me*; Helfen Sie (Singular) mir!)
- ✔ **¡Fuego!** (*fue-go*; Feuer!)

Wenn es schnell gehen muss, rufen Sie:

- ✔ **¡Rápido!** (*rra-pi-do*; Schnell!)
- ✔ **¡Dense prisa!** (*den-ße pri-ßa*; Beeilen Sie (Plural) sich!)

- **¡Corra!** (*ko-rra*; Laufen Sie (Singular)!)
- **¡Hay una emergencia!** (*ai u-na e-mer-chen-thia*; Es gibt einen Notfall!)

## Mir geht es gut!

Wenn Sie einen kleineren Unfall hatten, gestürzt sind oder aus der Nase bluten, werden Sie schnell besorgte Spanier um sich sehen, die Ihnen helfen wollen. Wenn Sie sicher sind, dass Sie alleine zurechtkommen und wirklich keine Hilfe benötigen, drücken Sie das so aus:

- **Estoy bien.** (*eß-toi bien*; Mir geht es gut.)
- **No necesito ayuda.** (*no ne-the-ßi-to a-ju-da*; Ich brauche keine Hilfe.)
- **Muchas gracias por su ayuda, pero estoy bien.** (*mu-tschaß gra-thiaß por ßu a-ju-da pe-ro eß-toi bien*; Vielen Dank für Ihre Hilfe, aber mir geht es gut.)

Wenn es Ihnen jedoch nicht gut geht, sollten Sie natürlich auch das ausdrücken können:

- **No me siento bien.** (*no me ßien-to bien*; Ich fühle mich nicht gut.)
- **¿Me puede ayudar por favor?** (*me pue-de a-ju-dar por fa-wor*; Können Sie mir bitte helfen?)

## *Erster Anlaufpunkt – die Apotheke*

Bei kleineren Verletzungen und Krankheiten führt Sie der erste Weg zur **farmacia** (*far-ma-thia*; Apotheke). Sie erkennen Apotheken in Spanien wie fast überall auf der Welt an dem grünen Kreuz über dem Eingang.

So fängt Ihr Satz wahrscheinlich an ...

✔ **Necesito un medicamento contra ...** (*ne-the-ßi-to un me-di-ka-men-to kon-tra ...*; Ich brauche ein Medikament gegen ...)

... und so hört er auf:

✔ **la gripe** (*la gri-pe*; die Grippe)

✔ **la tos** (*la toß*; der Husten)

✔ **el dolor de garganta** (*el do-lor de gar-gan-ta*; der Halsschmerz)

✔ **la rinitis alérgica** (*la rri-ni-tiß a-ler-chi-ka*; der Heuschnupfen)

✔ **la diarrea** (*la dia-rre-a*; der Durchfall)

✔ **el mareo** (*el ma-re-o*; die Reisekrankheit; der Schwindel)

✔ **el dolor de cabeza** (*el do-lor de ka-we-tha*; der Kopfschmerz)

Wenn Sie bestimmte Bestandteile von Medikamenten nicht vertragen, sollten Sie diese Sätze kennen:

✔ **Soy alérgica/o a la lactosa.** (*ßoi a-ler-chi-ka/o a la lak-to-ßa*; Ich bin allergisch gegen Laktose.)

- **Soy alérgica/o al gluten.** (*ßoi a-ler-chi-ka/o al glu-ten*; Ich bin allergisch gegen Gluten.)
- **No tolero el alcohol.** (*no to-le-ro el al-ko-ol*; Ich vertrage keinen Alkohol.)

## Wenn Sie einen Arzt brauchen

Gut, dass Sie schon nach einer Apotheke gesucht haben! Apotheken eignen sich hervorragend, um nach einem Arzt zu fragen:

- **Necesito un médico.** (*ne-the-ßi-to un me-di-ko*; Ich brauche einen Arzt.)
- **¿Dónde encuentro un médico?** (*don-de en-kuen-tro un me-di-ko*; Wo finde ich einen Arzt?)

Damit Sie nicht mit einem gebrochenen Arm beim Hausarzt oder mit Halsschmerzen beim Radiologen landen, sollten Sie beschreiben können, was Ihnen fehlt. Zum Beispiel so:

- **Me duele la garganta.** (*me due-le la gar-gan-ta*; Der Hals tut mir weh.)
- **Creo que me fracturé el brazo.** (*kre-o ke me frak-tu-re el bra-tho*; Ich glaube, ich habe mir den Arm gebrochen.)
- **Tengo dolor de dientes.** (*teng-go do-lor de dien-teß*; Ich habe Zahnschmerzen.)
- **Tengo náuseas.** (*teng-go nau-ße-aß*; Mir ist übel. *Wörtlich:* Ich habe Übelkeit.)
- **Tengo vómito.** (*teng-go bo-mi-to*; Ich muss mich übergeben. *Wörtlich:* Ich habe Erbrechen.)
- **Tiene fiebre.** (*tie-ne fie-bre*; Er/Sie hat Fieber.)

- **Me he torcido el pie.** (*me e tor-thi-do el pie*; Ich habe mir den Fuß umgeknickt.)
- **Me duelen los ojos.** (*me due-len loß o-choß*; Meine Augen tun mir weh.)

Eine andere Möglichkeit, einen Arzt zu finden, ist, **el hospital** (*el oß-pi-tal*; das Krankenhaus) aufzusuchen. Das hat den Vorteil, dass es dort oft einen Arzt gibt, der Englisch oder Deutsch spricht. So fragen Sie danach:

- **¿Habla inglés/alemán el médico?** (*a-bla ing-gleß/a-le-man el me-di-ko*; Spricht der Arzt Englisch/Deutsch?)
- **¿Hay alguien quien hable inglés/alemán?** (*ai al-guien kien a-ble ing-gleß/a-le-man*; Gibt es jemanden, der Englisch/Deutsch spricht?)
- **Necesito un intérprete.** (*ne-the-ßi-to un in-ter-pre-te*; Ich brauche einen Dolmetscher.)

### Spezielle Hilfe

Auch wenn Sie in den meisten Fällen einen **médico general** (*me-di-ko che-ne-ral*; Allgemeinmediziner) aufsuchen werden, sind Sie manchmal auch auf die Hilfe von Fachärzten angewiesen. Hier die wichtigsten Spezialisten:

- **el dentista** (*el den-tiß-ta*; der Zahnarzt)
- **el dermatólogo** (*el der-ma-to-lo-go*; der Hautarzt)
- **el ginecólogo** (*el chi-ne-ko-lo-go*; der Gynäkologe, der Frauenarzt)
- **el urólogo** (*el u-ro-lo-go*; der Urologe)

- **el cirujano** (*el thi-ru-cha-no*; der Chirurg)
- **el médico internista** (*el me-di-ko in-ter-niß-ta*; der Internist)
- **el oftalmólogo** (*el of-tal-mo-lo-go*; der Augenarzt)
- **el pediatra** (*el pe-dia-tra*; der Kinderarzt)

### *Wenn Hilfe gebraucht wird: Das Verb »ayudar«*

Im Ausland sind Sie schneller auf Hilfe angewiesen, als Ihnen lieb ist. Damit Ihnen geholfen wird, sollten Sie das Verb **ayudar** (*a-ju-dar*; helfen) kennen. Die Konjugation ist regelmäßig (siehe Kapitel 2).

Üben Sie das Verb **ayudar** mit folgenden Sätzen:

- **¿Lo/la ayudo?** (*lo/la a-ju-do*; Kann ich Ihnen (einem Mann/einer Frau) helfen? *Wörtlich:* Ihnen (ich) helfe?)
- **Sí, ayúdeme a pedir una ambulancia.** (*ßi a-ju-de-me a pe-dir u-na am-bu-lan-thia*; Ja. Helfen Sie mir, einen Krankenwagen zu rufen.)
- **Lo/la ayudamos.** (*lo/la a-ju-da-moß*; Wir helfen Ihnen (einem Mann/einer Frau).)
- **Ayude al enfermo a levantarse.** (*a-ju-de al en-fer-mo a le-wan-tar-ße*; Helfen Sie dem Kranken, aufzustehen.)
- **¿Os ayudan a buscar un médico?** (*oß a-ju-dan a buß-kar un me-di-ko*; Helfen sie euch, einen Arzt zu finden?)

### *Kleiner Wortschatz*

| Spanisch | Aussprache | Deutsch |
|---|---|---|
| el enfermo | *el en-fer-mo* | der Kranke |
| la enferma | *la en-fer-ma* | die Kranke |
| la ambulancia | *la am-bu-lan-thia* | der Krankenwagen |
| pedir | *pe-dir* | bitten |
| pedir una ambulancia | *pe-dir u-na am-bu-lan-thia* | einen Krankenwagen rufen |
| levantarse | *le-wan-tar-ße* | aufstehen |
| buscar | *buß-kar* | suchen |

### *Wenn Sie etwas suchen: Das Verb »buscar«*

In Notfallsituationen sind Sie meistens zunächst auf der Suche: nach der Polizei, nach dem Krankenhaus oder nach Ihrer Handtasche. Um anderen mitzuteilen, wen (oder was) Sie suchen, brauchen Sie das Verb **buscar** (*buß-kar*, suchen). **Buscar** wird – wie **ayudar** – regelmäßig konjugiert.

Üben Sie das Verb **buscar** mit folgenden Sätzen:

- **Buscan un mecánico.** (*buß-kan un me-ka-ni-ko*; Sie suchen einen Mechaniker.)
- **¿Qué buscáis?** (*ke buß-kaiß*; Was sucht ihr?).
- **Buscamos un médico.** (*buß-ka-moß un me-di-ko*; Wir suchen einen Arzt.)
- **Quien busca, encuentra.** (*kien buß-ka en-kuen-tra*; Wer suchet, der findet.)

### Wenn es schmerzt: Das Verb »doler«

Krankheiten gehen leider fast immer mit Schmerzen einher. Mit dem Verb **doler** (*do-ler*; schmerzen, wehtun) erklären Sie dem Arzt am besten, wie es Ihnen geht. **Doler** ist ein unregelmäßiges Verb. Der Stamm **dol-** wird in einigen Formen zu **duel-**. Sehen Sie sich die Konjugation im Präsens an:

| Konjugation | Aussprache |
|---|---|
| yo duelo | *jo due-lo* |
| tú dueles | *tu due-leß* |
| él, ella, usted duele | *el, e-ja, uß-ted due-le* |
| nosotros dolemos | *no-ßo-troß do-le-moß* |
| vosotros doléis | *bo-ßo-troß do-leiß* |
| ellos, ustedes duelen | *e-joß, uß-te-deß due-len* |

Am häufigsten verwenden Sie die dritte Person Singular – »etwas« tut weh.

Das Verb **doler** wird wie das deutsche Verb »wehtun« vor allem reflexiv verwendet, also mit einem Reflexivpronomen – wie in folgenden Beispielen:

- ✔ **Me duele la pierna.** (*me due-le la pier-na*; Mir tut das Bein weh.)
- ✔ **Mi cabeza me duele desde hace tres días.** (*mi ka-we-tha me due-le des-de a-the treß diaß*; Mein Kopf tut mir seit drei Tagen weh.)
- ✔ **¿Te duele aquí?** (*te due-le a-ki*; Tut es dir hier weh?)
- ✔ **Le duele el pecho.** (*le due-le el pe-tscho*; Ihm tut die Brust weh.)

✔ **Me duele todo.** (*me due-le to-do*; Mir tut alles weh.)

Die Reflexivpronomen finden Sie in Kapitel 2 unter »Regelmäßige Verben«.

## *Sagen, wo es wehtut*

Körperstellen, die schmerzen können, gibt es leider ziemlich viele. In dieser Tabelle finden Sie die spanische Bezeichnung für die wichtigsten Körperteile.

| Spanisch | Aussprache | Deutsch |
|---|---|---|
| ***Von den Haaren bis zum Hals*** | | |
| el ojo | *el o-cho* | das Auge |
| la boca | *la bo-ka* | der Mund |
| la oreja | *la o-re-cha* | das Ohr |
| la nariz | *la na-rith* | die Nase |
| el cuello | *el kue-jo* | der Hals, der Nacken |
| la garganta | *la gar-gan-ta* | der Hals, die Kehle |
| las amígdalas | *laß a-mig-da-laß* | die Mandeln |
| la cabeza | *la ka-we-tha* | der Kopf |
| la mandíbula | *la man-di-wu-la* | der Kiefer |
| ***Vom Hals bis zu den Beinen*** | | |
| el hombro | *el om-bro* | die Schulter |
| el corazón | *el ko-ra-thon* | das Herz |
| el pulmón | *el pul-mon* | die Lunge |
| el estómago | *el eß-to-ma-go* | der Magen |
| el intestino | *el in-teß-ti-no* | der Darm |

| Spanisch | Aussprache | Deutsch |
|---|---|---|
| el riñón | *el rri-njon* | die Niere |
| el apéndice | *el a-pen-di-the* | der Blinddarm |
| la espalda | *la eß-pal-da* | der Rücken |
| el pecho | *el pe-tscho* | die Brust |
| el trasero | *el tra-ße-ro* | das Gesäß |
| ***Arme und Hände*** | | |
| el brazo | *el bra-tho* | der Arm |
| el antebrazo | *el an-te-bra-tho* | der Unterarm |
| la muñeca | *la mu-nje-ka* | das Handgelenk |
| la mano | *la ma-no* | die Hand |
| el dedo | *el de-do* | der Finger |
| ***Beine und Füße*** | | |
| el muslo | *el mus-lo* | der Oberschenkel |
| la pierna | *la pier-na* | das Bein |
| el pie | *el pie* | der Fuß |
| el dedo del pie | *el de-do del pie* | der Zeh (*wörtlich:* der Finger vom Fuß) |
| el tobillo | *el to-wi-jo* | der Knöchel |
| ***Woraus der Körper besteht*** | | |
| el músculo | *el muß-ku-lo* | der Muskel |
| el nervio | *el ner-wio* | der Nerv |
| el tendón | *el ten-don* | die Sehne |
| el hueso | *el ue-ßo* | der Knochen |
| la piel | *la piel* | die Haut |
| la sangre | *la ßang-gre* | das Blut |

## *Mit dem Arzt reden*

Ein Arztbesuch ist manchmal unumgänglich. Der Arzt versucht herauszufinden, was Ihnen fehlt:

- ✔ **¿Puede mover la pierna?** (*pue-de mo-wer la pier-na*; Können Sie das Bein bewegen?)
- ✔ **¿Tiene dolor?** (*tie-ne do-lor*; Haben Sie Schmerzen?)
- ✔ **¿Desde cuándo le duele?** (*des-de kuan-do le due-le*; Seit wann tut es Ihnen weh?)
- ✔ **¿Tiene mareos?** (*tie-ne ma-re-oß*; Ist Ihnen schwindelig? *Wörtlich:* Haben Sie Schwindel?)
- ✔ **Vamos a hacer una radiografía.** (*ba-moß a a-ther u-na rra-dio-gra-fia*; Wir werden eine Röntgenaufnahme machen.)

So erklären Sie dem Arzt, wie es Ihnen geht:

- ✔ **¡Duele mucho!** (*due-le mu-tscho*; Es tut sehr weh!)
- ✔ **Tengo un corte.** (*teng-go un kor-te*; Ich habe eine Schnittwunde.)
- ✔ **Tengo mucho dolor de cabeza.** (*teng-go mu-tscho do-lor de ka-we-tha*; Ich habe starke Kopfschmerzen (*wörtlich:* viel Kopfschmerz).)
- ✔ **Me golpeé la cabeza.** (*me gol-pe-e la ka-we-tha*; Ich habe mir den Kopf gestoßen.)
- ✔ **Me caí de la escalera.** (*me kai de la eß-ka-le-ra*; Ich bin die Treppe heruntergefallen. *Wörtlich:* Mich (ich) fiel von der Treppe.)

- **Tengo mareos.** (*teng-go ma-re-oß*; Mir ist schwindelig.)

Der Arzt erklärt Ihnen die Ergebnisse der Untersuchung und das weitere Vorgehen:

- **Ya está la radiografía.** (*ya eß-ta la rra-dio-gra-fia*; Die Röntgenaufnahme ist schon fertig.)
- **Aquí tiene una fractura.** (*a-ki tie-ne u-na frak-tu-ra*; Hier haben Sie einen Bruch.)
- **Tenemos que enyesar su pierna.** (*te-ne-moß ke en-je-ßar ßu pier-na*; Wir müssen Ihr Bein eingipsen.)
- **Le voy a dar un analgésico.** (*le boi a dar un a-nal-che-ßi-ko*; Ich werde Ihnen ein Schmerzmittel geben.)
- **La herida tiene que ser suturada.** (*la e-ri-da tie-ne ke ßer ßu-tu-ra-da*; Die Wunde muss genäht werden. *Wörtlich:* Die Wunde muss sein genäht.)
- **Vamos a pegar esa lesión cutánea.** (*ba-moß a pe-gar e-ßa le-ßion ku-ta-ne-a*; Wir werden diese Hautverletzung kleben.)
- **Le vamos a poner anestesia local.** (*le ba-moß a po-ner a-neß-te-ßia lo-kal*; Wir werden Sie örtlich betäuben.)
- **Tenemos que operarla bajo anestesia general.** (*te-ne-moß ke o-pe-rar-la ba-cho a-neß-te-ßia che-ne-ral*; Wir müssen Sie (Frau)/sie unter Vollnarkose operieren.)
- **Vamos a tenerla bajo observación durante dos días.** (*ba-moß a te-ner-la ba-cho ob-ßer-wa-thion du-ran-te doß diaß*; Wir werden Sie (Frau) für zwei Tage unter Beobachtung halten (*wörtlich*: haben).)

### *Kleiner Wortschatz*

| Spanisch | Aussprache | Deutsch |
|---|---|---|
| el médico | *el me-di-ko* | der Arzt |
| la radiografía | *la rra-dio-gra-fia* | die Röntgenaufnahme |
| la fractura | *la frak-tu-ra* | der Bruch |
| mover | *mo-wer* | bewegen |
| enyesar | *en-je-ßar* | eingipsen |
| el analgésico | *el a-nal-che-ßi-ko* | das Schmerzmittel |
| el corte | *el kor-te* | die Schnittwunde |
| pegar | *pe-gar* | kleben |
| suturar | *ßu-tu-rar* | nähen (eine Wunde) |
| poner anestesia local | *po-ner a-neß-te-ßia lo-kal* | örtlich betäuben (*wörtlich:* örtliche Betäubung setzen) |
| la anestesia general | *la a-neß-te-ßia che-ne-ral* | die Vollnarkose |
| operar | *o-pe-rar* | operieren |
| bajo | *ba-cho* | unter |
| golpear | *gol-pe-ar* | stoßen |
| el mareo | *el ma-re-o* | der Schwindel |
| la observación | *la ob-ßer-wa-thion* | die Beobachtung |
| durante | *du-ran-te* | während |
| caerse | *ka-er-ße* | hinfallen (*wörtlich:* sich fallen) |

## Beim Zahnarzt

Auch im Urlaub bleibt man nicht immer von Zahnschmerzen verschont. So finden Sie einen **dentista** (*den-tiß-ta*; Zahnarzt):

- **Necesito un dentista.** (*ne-the-ßi-to un den-tiß-ta*; Ich brauche einen Zahnarzt.)
- **¿Me puede recomendar un dentista?** (*me pue-de rre-ko-men-dar un den-tiß-ta*; Können Sie mir einen Zahnarzt empfehlen?)

Folgende Sätze helfen Ihnen beim Zahnarzt weiter:

- **Me duele el diente.** (*me due-le el dien-te*; Mir tut der Zahn weh.)
- **Tiene una caries.** (*tie-ne u-na ka-rieß*; Sie haben Karies.)
- **Se me ha caido el empaste de un diente.** (*ße me a kai-do el em-paß-te de un dien-te*; Mir ist eine Zahnfüllung herausgefallen.)
- **Le pongo anestesia.** (*le pong-go a-neß-te-ßia*; Ich betäube Sie.)
- **Tiene un agujero en el diente.** (*tie-ne un a-gu-che-ro en el dien-te*; Sie haben ein Loch im Zahn.)
- **Voy a taladrar el diente.** (*boi a ta-la-drar el dien-te*; Ich werde den Zahn bohren.)
- **Le tengo que sacar la muela.** (*le teng-go ke ßa-kar la mue-la*; Ich muss Ihnen den Backenzahn ziehen.)

- **Le pongo un puente.** (*le pong-go un puen-te*; Ich setze Ihnen eine Brücke ein.)
- **Necesita una corona.** (*ne-the-ßi-ta u-na ko-ro-na*; Sie brauchen eine Krone.)

### Kleiner Wortschatz

| Spanisch | Aussprache | Deutsch |
|---|---|---|
| el diente | *el dien-te* | der Zahn |
| la muela | *la mue-la* | der Backenzahn |
| la caries | *la ka-rieß* | Karies |
| el dentista | *el den-tiß-ta* | der Zahnarzt |
| el empaste | *el em-paß-te* | die Zahnfüllung |
| caerse | *ka-er-ße* | hinfallen, herausfallen |
| el agujero | *el a-gu-che-ro* | das Loch |
| taladrar | *ta-la-drar* | bohren |
| sacar | *ßa-kar* | ziehen (Zahn); herausholen |
| el puente | *el puen-te* | die Brücke |
| la corona | *la ko-ro-na* | die Krone |
| poner anestesia | *po-ner a-neß-te-ßia* | betäuben |

## Und wer bezahlt?

In der Regel werden Sie die Arztrechnung direkt bezahlen und sich dann die Kosten von der Auslandskrankenversicherung erstatten lassen.

Daher sollten Sie sich vorher beim Arzt nach dem Preis erkundigen:

- **¿Cuánto cuesta el tratamiento?** (*kuan-to kueß-ta el tra-ta-mien-to*; Wie viel kostet die Behandlung?)
- **¿Cuánto cuesta la consulta?** (*kuan-to kueß-ta la kon-ßul-ta*; Wie viel kostet die Beratung?)

Für die Versicherung brauchen Sie entsprechende Belege:

- **¿Me puede dar un recibo para el seguro de salud?** (*me pue-de dar un rre-thi-wo pa-ra el ße-gu-ro de ßa-lud*; Können Sie mir eine Quittung für die Krankenversicherung geben?)

## Wenn Sie juristische Hilfe brauchen

Sie meinen, sich an alle Gesetze zu halten. Dennoch kann es vorkommen, dass Sie unwissentlich ein Gesetz übertreten haben und von der Polizei angehalten werden. Vor allem im Verkehr kann das leicht vorkommen. Im Normalfall wird es sich um eine einfache Verkehrskontrolle handeln:

- **Su carnet de conducir, por favor.** (*ßu kar-ne de kon-du-thir por fa-wor*; Ihren Führerschein, bitte.)
- **Usted ha ido con demasiada velocidad.** (*uß-ted a i-do kon de-ma-ßia-da be-lo-thi-dad*; Sie sind zu schnell (*wörtlich:* mit zu sehr Geschwindigkeit) gefahren).)
- **Hacemos un control de alcohol.** (*a-the-moß un kon-trol de al-ko-ol*; Wir machen eine Alkoholkontrolle.)

✔ **El permiso de circulación, por favor.** (*el per-mi-ßo de thir-ku-la-thion por fa-wor*; Den Fahrzeugschein, bitte.)

Sie haben das Recht zu erfahren, warum Sie angehalten oder festgehalten werden. Wenn Sie keine gemeinsame Sprache mit dem Polizisten finden und nicht verstehen, worum es geht, fragen Sie nach einem Dolmetscher:

✔ **No le entiendo.** (*no le en-tien-do*; Ich verstehe Sie nicht.)

✔ **No entiendo español.** (*no en-tien-do eß-pa-njol*; Ich verstehe kein Spanisch.)

✔ **Necesito un intérprete para alemán/inglés.** (*ne-the-ßi-to un in-ter-pre-te pa-ra a-le-man/ing-gleß*; Ich brauche einen Deutsch-/Englischdolmetscher.)

Lassen Sie sich auf keinen Fall auf Geldzahlungen ein und unterschreiben Sie nichts, was Sie nicht verstehen!

Im Notfall sollten Sie nach einem Anwalt verlangen oder Ihre Botschaft anrufen:

✔ **Necesito hablar con un abogado que hable inglés/alemán.** (*ne-the-ßi-to a-blar kon un a-wo-ga-do ke a-ble ing-gleß/a-le-man*; Ich muss mit einem Anwalt sprechen, der Englisch/Deutsch spricht.)

✔ **Quiero llamar a la embajada suiza/austríaca/alemána.** (*kie-ro ja-mar a la em-ba-cha-da ßui-ßa/auß-tria-ka/a-le-ma-na*; Ich möchte die Schweizer/Österreichische/Deutsche Botschaft anrufen.)

✔ **Quiero hablar por teléfono.** (*kie-ro a-blar por te-le-fo-no*; Ich möchte telefonieren.)

## Haltet den Dieb!

Und plötzlich sehen Sie jemanden mit Ihrer Handtasche weglaufen! Der Albtraum jedes Reisenden, vor allem wenn sich alle wichtigen Dokumente in der besagten Tasche befinden. Wenn Passanten in der Nähe sind, haben Sie vielleicht noch eine Chance den Dieb zu stoppen, indem Sie Folgendes rufen:

- ✔ **¡Al ladrón!** (*al la-dron*; Haltet den Dieb! *Wörtlich:* Zum Dieb!)
- ✔ **¡Un hurto!** (*un ur-to*; Ein Diebstahl!)
- ✔ **¡Un robo!** (*un rro-wo*; Ein Raub!)
- ✔ **¡Un asalto!** (*un a-ßal-to*; Ein Überfall!)
- ✔ **¡Policía!** (*po-li-thia*; Polizei!)

Wenn der Dieb schon außer Sichtweite ist, fragen Sie:

- ✔ **¿Dónde hay una estación de policía?** (*don-de ai u-na eß-ta-thion de po-li-thia*; Wo gibt es eine Polizeiwache?)
- ✔ **¡Llamen a la policía, por favor!** (*ja-men a la po-li-thia por fa-wor*; Rufen Sie bitte die Polizei!)
- ✔ **Me robaron la cartera con todos mis documentos.** (*me rro-wa-ron la kar-te-ra kon to-doß miß do-ku-men-toß*; Mir wurde die Brieftasche mit allen meinen Papieren gestohlen. *Wörtlich*: Mir (sie) stahlen die Brieftasche mit allen meinen Papieren.)
- ✔ **Un hombre me robó el bolso de mano.** (*un om-bre me rro-wo el bol-ßo de ma-no*; Ein Mann hat mir die Handtasche gestohlen.)

- ✔ **Quiero presentar una denuncia.** (*kie-ro pre-ßen-tar u-na de-nun-thia*; Ich möchte Anzeige erstatten.)

*Anzeige erstatten*

Sie haben **la policía** (*la po-li-thia*; die Polizei) gefunden und werden gefragt, was passiert ist. Am wichtigsten ist nun, den Dieb so genau wie möglich zu beschreiben. Diese Sätze helfen Ihnen dabei weiter:

- ✔ **Era un hombre alto, flaco.** (*e-ra un om-bre al-to fla-ko*; Es war ein großer, hagerer Mann.)
- ✔ **Era una mujer baja, gorda.** (*e-ra u-na mu-cher ba-cha gor-da*; Es war eine kleine, dicke Frau.)
- ✔ **Tenía cabello oscuro y barba.** (*te-nia ka-we-jo oß-ku-ro i bar-ba*; Er hatte dunkle Haare und einen Bart.)
- ✔ **Tenía ojos claros.** (*te-nia o-choß kla-roß*; Er/Sie hatte helle Augen.)
- ✔ **Vestía vaqueros azules y camisa blanca.** (*beß-tia ba-ke-roß a-thu-leß i ka-mi-ßa blang-ka*; Er/Sie trug eine blaue Jeans und ein weißes Hemd.)
- ✔ **Tendrá unos cuarenta años.** (*ten-dra u-noß kua-ren-ta a-njoß*; Er/Sie wird etwa 40 Jahre alt sein. *Wörtlich:* (Er/Sie) wird haben ein paar 40 Jahre.)

Die Zahlen finden Sie in Kapitel 3; Farben und Kleidungsstücke können Sie in Kapitel 6 nachschlagen.

### Kleiner Wortschatz

| Spanisch | Aussprache | Deutsch |
|---|---|---|
| alto/a | *al-to/a* | groß |
| bajo/a | *ba-cho/a* | klein |
| oscuro/a | *oß-ku-ro/a* | dunkel |
| claro/a | *kla-ro/a* | hell |
| flaco/a | *fla-ko/a* | dünn, hager |
| gordo/a | *gor-do/a* | dick |
| el cabello | *el ka-we-jo* | das Haar |
| la barba | *la bar-ba* | der Bart |
| largo/a | *lar-go/a* | lang |
| rubio/a | *rru-wio/a* | blond |
| moreno/a | *mo-re-no/a* | dunkelbraun, brünett, dunkelhäutig |
| los vaqueros | *loß ba-ke-roß* | die Jeans |
| la denuncia | *la de-nun-thia* | die Anzeige |

## Probleme mit dem Auto

Wenn Sie Zeuge oder Beteiligter eines Autounfalls sind, können Sie so erklären, was passiert ist:

- **Los coches chocaron.** (*loß ko-tscheß tscho-ka-ron*; Die Autos sind zusammengestoßen.)
- **Paré porque el semáforo cambió a rojo.** (*pa-re por-ke el ße-ma-fo-ro kam-bio a rro-cho*; Ich habe angehalten, weil die Ampel rot geworden ist (*wörtlich:* weil die Ampel wechselte zu rot).)

- **Este coche vino de la izquierda/derecha.** (*eß-te ko-tsche bi-no de la ith-kier-da/de-re-tscha*; Dieses Auto kam von links/rechts.)
- **No me cedió el paso.** (*no me the-dio el pa-ßo*; Er/Sie hat mir die Vorfahrt genommen.)
- **Cruzé el paso peatonal.** (*kru-the el pa-ßo pe-a-to-nal*; Ich habe den Zebrastreifen überquert.)

Wenn es einen Schaden gab, muss die Versicherungsfrage geklärt werden:

- **¿Tiene usted un seguro para el vehículo?** (*tie-ne uß-ted un ße-gu-ro pa-ra el be-i-ku-lo*; Haben Sie eine Versicherung für das Fahrzeug?)
- **Quiero avisar a mi compañía de seguros.** (*kie-ro a-wi-ßar a mi kom-pa-njia de ße-gu-roß*; Ich möchte meine Versicherungsgesellschaft benachrichtigen.)

### Kleiner Wortschatz

| Spanisch | Aussprache | Deutsch |
|---|---|---|
| chocar | *tscho-kar* | zusammenstoßen |
| pasar | *pa-ßar* | passieren |
| parar | *pa-rar* | anhalten |
| el semáforo | *el ße-ma-fo-ro* | die Ampel |
| el paso peatonal | *el pa-ßo pe-a-to-nal* | der Zebrastreifen |
| ceder el paso | *the-der el pa-ßo* | Vorfahrt gewähren |
| avisar | *a-wi-ßar* | benachrichtigen |
| la compañía de seguros | *la kom-pa-njia de ße-gu-roß* | die Versicherungsgesellschaft |

Wenn Ihr Auto stehen bleibt, reden Sie so mit dem Mechaniker vom Pannendienst:

- **Necesito ayuda. Mi coche no funciona.** (*ne-the-ßi-to a-ju-da mi ko-tsche no fun-thio-na*; Ich brauche Hilfe. Mein Auto funktioniert nicht.)
- **No logro encenderlo.** (*no lo-gro en-then-der-lo*; Ich schaffe es nicht, es zu starten.)
- **Creo que el radiador está roto y pierde agua.** (*kre-o ke el rra-dia-dor eß-ta rro-to i pier-de a-gua*; Ich glaube der Kühler ist kaputt und verliert Wasser.)
- **El embrague no funciona.** (*el em-bra-ge no fun-thio-na*; Die Kupplung funktioniert nicht.)
- **Voy a revisar la batería y las bujías.** (*boi a rre-wi-ßar la ba-te-ria i las bu-chiaß*; Ich werde die Batterie und die Zündkerzen überprüfen.)

### Kleiner Wortschatz

| Spanisch | Aussprache | Deutsch |
|---|---|---|
| el mecánico | *el me-ka-ni-ko* | der Mechaniker |
| lograr | *lo-grar* | schaffen |
| encender | *en-then-der* | starten (Auto) |
| el radiador | *el rra-dia-dor* | der Kühler |
| roto | *rro-to* | kaputt, defekt |
| perder; pierde | *per-der, pier-de* | verlieren; er/sie/es verliert |
| el embrage | *el em-bra-ge* | die Kupplung |
| revisar | *rre-wi-ßar* | überprüfen |
| la batería | *la ba-te-ria* | die Batterie |
| la bujía | *la bu-chia* | die Zündkerze |

# Typische spanische Redewendungen

## 12

In diesem Kapitel lernen Sie zehn Redewendungen kennen, mit denen Sie garantiert nie sprachlos sind.

### ¡Vamos de tapas!

*ba-moß de ta-paß*

Freuen Sie sich auf diesen Satz: **¡Vamos de tapas!** (*ba-moß de ta-paß*; Lass uns Tapas essen gehen!) Er verspricht einen entspannten Abend mit Freunden in der einen oder anderen Tapas-Bar und jede Menge kulinarische Leckerbissen. Probieren Sie diese kleinen Häppchen zu einem Glas spanischen Wein oder zu einem Cocktail.

### ¡Buen provecho!

*buen pro-we-tscho*

Dieser Satz gehört zu jeder Mahlzeit – nein! halt! – vor jede Mahlzeit: **¡Buen provecho!** (*buen pro-we-tscho*; Guten Appetit!) **El provecho** (*el pro-we-tscho*) heißt übrigens »der Nutzen«. Also nutzen Sie das leckere Essen: um Ihren Gaumen so richtig zu verwöhnen, um die spanische Lebenskultur zu genießen und um eine gute Zeit mit Familie und Freunden zu verbringen!

### ¿Verdad?

*ber-dad*

»Stimmt's?« Dieses Wort lässt sich an fast jeden Satz anhängen. Dabei müssen Sie gar nicht unsicher sein, ob etwas stimmt oder nicht. Im Gegenteil: Häufig verwenden Sie diesen Satz, wenn Sie sich eigentlich sicher sind, dass das, was Sie sagen, stimmt. Sympathisch ist auch die doppelte Variante: **Es verdad, ¿verdad?** (*eß ber-dad ber-dad*; Es stimmt, stimmt's?)

## ¡No me tomes el pelo!

*no me to-meß el pe-lo*

Viele Spanier haben großes Vergnügen daran, Sie zum Narren zu halten. Machen Sie sich darauf gefasst, eine zehnminütige todernste Geschichte aufgetischt zu bekommen und erst bei der zehnten doch etwas dreisten Übertreibung zu merken, dass alles nur ein Scherz war. Aber so beugen Sie vor: **¡No me tomes el pelo!** (*no me to-meß el pe-lo*; Nimm mich nicht auf den Arm! *Wörtlich:* Nimm mir nicht das Haar.) In Lateinamerika hören Sie an dieser Stelle auch oft ein kritisches **¡Mentira!** (*men-ti-ra*; Lüge!)

## ¡Claro que sí!

*kla-ro ke ßi*

Diesen Satz können Sie brauchen, wenn Sie nichts verpassen wollen: **¿Vienes con nosotros?** (*bie-neß kon no-ßo-troß*; Kommst du mit uns mit?) – **¡Claro que sí!** (*kla-ro ke ßi*; Natürlich! *Wörtlich:* Sicher, dass ja!). So machen Sie unmissverständlich klar, dass Sie dabei sind.

### *¡A comer!*

*a ko-mer*

Das ist der Startschuss fürs kalte Buffet! Oder für das 6-Gänge-Menü. Oder auch für Ihre selbstaufgebackene Pizza. **¡A comer!** (*a ko-mer*) bedeutet »Zum Essen!« – Der Tisch ist gedeckt!

### *¡Qué guay!*

*ke guai*

Diesen Ausruf werden Sie vor allem unter jungen begeisterungsfähigen Spaniern sehr häufig hören. **¡Qué guay!** (*ke guai*) heißt: »Das ist ja super! Spitze! Toll!« und kann sich auf jede erdenkliche Nachricht beziehen.

### *¡Salud!*

*ßa-lud*

Ein Wort für alle geselligen Spanischlerner: Sie heben die Gläser in der großen Runde: **¡Salud!** (*ßa-lud*; Zum Wohl!/ Prost! *Wörtlich*: Gesundheit!) Genießen Sie also den nächsten spanischen Wein gleich stilecht in der passenden Sprache.

### *¿Qué pasó?*

*ke pa-ßo*

Das ist die richtige Frage für alle neugierigen Menschen: **¿Qué pasó?** (*ke pa-ßo*; Was ist passiert?) Ist das Geschehen noch im vollen Gange, können Sie auch im Präsens fragen: **¿Qué pasa?** (*ke pa-ßa*; Was ist los?)

## *A ver*

*a ber*

**A ver ...** (*a ber*) bedeutet wörtlich übersetzt »zu sehen«. Das ist ein Satz für tatkräftige Menschen, die sich die Sache erst einmal selbst anschauen wollen. So können Sie ihn übersetzen: »Mal sehen«, »Zeigen Sie her« oder auch »Schauen wir es uns an.«

# Falsche Freunde – die besten Versprecher auf Spanisch

# 13

Oft funktioniert es tatsächlich: Sie hängen eine spanische Endung an ein deutsches Wort und erhalten das korrekte spanische Wort. Manchmal funktioniert es allerdings auch nicht ...

Oder Sie haben sich wirklich sorgfältig vorbereitet und extra ein Wort im Wörterbuch nachgeschlagen? Und trotzdem kann sich Ihr Gegenüber ein Schmunzeln nicht verkneifen? Nehmen Sie es mit Humor!

In diesem Kapitel dürfen Sie Ihre Lachmuskeln trainieren.

## Casar oder: Gejagte Frauen

Sie wollen mitteilen, dass Sie eine verheiratete Frau sind, und sagen: **Soy una mujer cazada.** (*ßoi u-na mu-cher ka-tha-da*) Die erschrockenen Gesichter sind Ihnen sicher: Sie haben soeben mitgeteilt, dass Sie eine »gejagte Frau« sind. Schuld daran ist ein einzelner Buchstabe. **Cazado** (*ka-tha-do*) bedeutet »gejagt«, **casado** (*ka-ßa-do*) hingegen »verheiratet«. Besonders gewitzte Spanier werden auch die passende Bemerkung parat haben: **¿Te cazaron con una red o con la escopeta?** (*te ka-tha-ron kon u-na rred o kon la eß-ko-pe-ta*; Haben sie dich mit einem Netz oder mit der Flinte gejagt?)

## Planchar oder: Wo machen Sie Ihre Hausarbeit?

Planschen Ihre Kinder auch so gern im Wasser? Dann kann Ihnen schnell dieser Satz rausrutschen: **Mis hijos quieren planchar en el lago.** (*miß i-choß kie-ren plan-tschar en el la-go*) Da haben Sie aber fleißige und sehr kreative Kinder! **Plan-**

**char** (*plan-tschar*) bedeutet nämlich »bügeln« – nicht »planschen«. Der obige Satz heißt also übersetzt: »Meine Kinder wollen im See bügeln.« Richtig hieße es hingegen: **Mis hijos quieren chapotear en el lago.** (*miß i-choß kie-ren tscha-po-te-ar en el la-go*; Meine Kinder wollen im See planschen.)

## Raquetas oder: Was jagen Sie in die Luft?

Silvester bei Freunden in Spanien. Da Sie Feuerwerk lieben, wollen Sie an diesem besonderen Abend nicht darauf verzichten und fragen Ihre Freunde, ob sie Raketen haben: **¿Tenéis raquetas?** (*te-neiß rra-ke-taß*) Diese Frage wird Ihnen zweifelnde Blicke einbringen. Sie versuchen es noch einmal anders: **Quiero encender raquetas esta noche.** (*kie-ro en-then-der rra-ke-taß eß-ta no-tsche*) Spätestens jetzt wird es schallendes Gelächter geben. Sie haben soeben nach Tennisschlägern gefragt – nicht nach Raketen! Hier die Übersetzung der oben stehenden Fragen: **¿Tenéis raquetas?** (*te-neiß rra-ke-taß*; Habt ihr Tennisschläger?); **Quiero encender raquetas esta noche.** (*kie-ro en-then-der rra-ke-taß eß-ta no-tsche*; Ich möchte diese Nacht Tennisschläger anzünden.) »Die Rakete« ist hingegen **el cohete** (*el ko-e-te*).

## Fallar oder: Wenn man stürzt

Nachdem Sie sich mit einigen Verletzungen zum Arzt begeben haben, möchten Sie diesem erklären, dass Sie gefallen sind, und übersetzen ganz einfach den Satz »Ich bin gefallen« ins Spanische, in der Hoffnung, die richtigen Wörter erwischt zu haben: **Yo soy fallido.** (*jo ßoi fa-ji-do*) In diesem Moment möchte Sie der Arzt wahrscheinlich lieber zum Psychiater schicken. **Yo soy fallido** bedeutet nämlich »Ich bin misslungen«. Wenn Sie über Ihren Sturz berichten wollen, sagen Sie also besser: **Me he caido.** (*me e ka-i-do*; Ich bin gefallen.)

## Una Cola oder: Die Geschmäcker sind verschieden

Zumindest ein Schmunzeln kann sich die Bedienung nicht verkneifen, wenn Sie im Café laut und selbstbewusst **Una cola.** (*u-na ko-la*) bestellen. Das beliebte Süßgetränk wird in Spanien nämlich **coca** (*ko-ka*) genannt. Sie hingegen haben soeben »einen Schwanz« bestellt!

## La rata oder: Ungewöhnliche Zahlungsmethoden

Die Kaution für Ihre Ferienwohnung ist überraschenderweise sehr hoch. Was tun? Sie fragen die Vermieterin, ob Sie sie in Raten zahlen können: **¿Puedo pagarla en ratas?** (*pue-do pa-gar-la en rra-taß*) Sie antwortet so: **Si encuentra algunas en la casa ...** (*ßi en-kuen-tra al-gu-naß en la ka-ßa*; Wenn Sie welche im Haus finden ...) Hoppla! Was heißt denn das? Ganz einfach: Sie fragten, ob Sie die Kaution in Ratten bezahlen könnten. Richtig (aber nur halb so schön) hätten Sie so gefragt: **¿Puedo pagarla a plazos?** (*pue-do pa-gar-la a pla-thoß*; Kann ich sie in Raten zahlen?)

## Fracturas oder: Manche Dinge kann man nicht versenden!

Nach einem Aufenthalt im Krankenhaus bitten Sie die Damen am Empfang, Ihnen die Rechnung an Ihre Adresse zu senden: **¿Puede mandar la fractura a esa dirección por favor?** (*pue-de man-dar la frak-tu-ra a e-ßa di-rek-thion por fa-wor*). Vor allem wenn Sie mit einem gebrochenen Arm oder Bein ins

Krankenhaus gekommen sind, wirkt diese Bitte sehr kurios. Sie haben nämlich Folgendes gefragt: »Können Sie den Bruch an diese Adresse senden, bitte?« Schuld daran ist ein einziger Buchstabe: **la factura** (*la fak-tu-ru*) ist die Rechnung, **la fractura** (*la frak-tu-ra*) hingegen der Bruch.

## Caliente oder: Wer oder was ist hier heiß?

An sehr heißen Sommertagen können Sie so manchen Mann oder manche Frau in Verlegenheit bringen. Sie wollen sagen, dass Ihnen heiß ist? Im Wörterbuch wird »heiß« mit **caliente** (*ka-lien-te*) übersetzt. Und schon ist Ihnen dieser Satz herausgerutscht: **Soy caliente.** (*ßoi ka-lien-te*). Leider heißt das nicht das, was Sie denken! »Mir ist heiß« übersetzen Sie mit: **Tengo calor.** (*teng-go ka-lor*; *wörtlich*: Ich habe heiß.) **Soy caliente** heißt hingegen »Ich bin heiß.«

## Las faltas oder: Die etwas andere Schönheitspflege

Da Sie sich auch im Urlaub pflegen wollen, fragen Sie in der Apotheke nach einer Anti-Falten-Creme: **Busco una crema contra las faltas.** (*buß-ko u-na kre-ma kon-tra laß fal-taß*) »Wenn das so einfach wäre!«, wird sich die Apothekerin insgeheim denken. Eine **crema contra las faltas** (*kre-ma kon-tra laß fal-taß*) wäre nämlich eine »Creme gegen die Fehler«. Die Anti-Falten-Creme heißt hingegen **crema anti-arrugas** (*kre-ma an-ti a-rru-gaß*).

### *Cansado oder: Warum gehen verheiratete Männer nicht ins Kino?*

Nachdem Sie einen anstrengenden Tag im Büro hatten, fragt Sie ein Freund, ob Sie mit ihm ins Kino gehen wollen. Schnell übersetzen Sie den Satz »Nein, ich bin müde« auf Spanisch: **No, soy casado.** (*no ßoi ka-ßa*-do) Vorsicht! Ihr Freund könnte Ihre Frau nun für sehr besitzergreifend halten! Sie haben ihm nämlich gerade mitgeteilt, dass Sie nicht mitkommen, weil Sie verheiratet sind. »Ich bin müde« sagen Sie hingegen so: **Estoy cansado.** (*eß-toi kan-ßa-do*)

# Stichwortverzeichnis


## A

Adjektive 53 f.
  Steigerung 127 f.
Akzente 35, 92
allergisch sein 100, 221
Alphabet 23
  Aussprache 23
ankommen 188
anprobieren 120
Anrede 55
Anwalt 235
Anzeige erstatten 237
Apotheke 221
Arbeit 86, 155 ff., 160
arbeiten 86
Artikel
  bestimmter 51
  unbestimmter 51 f.
Arzt 222 f.
Arztbesuch 229
Ausrufezeichen 36
Aussprache 24 ff.
Auto
  fahren 179
  mieten 180
  Panne 240
  Unfall 238

## B

Bahnhof 175
Befinden 80
Begrüßung 75, 77
  höflich 77
  persönlich 77
Bekleidung 122 f.
Beruf 86 f.
Besprechung 160
bestellen 107
Betonung 34 f.
Bewerbung 157
Bezahlen 69
  am Geldautomaten 71
  mit der Kreditkarte 73
  mit Reiseschecks 74
Botschaft 235
Buchstaben 23
buchstabieren 23, 167
Büro 155, 164
Bus fahren 178

## C

Computer 157 f.

## D

Diebstahl 236 f.
Diphthonge 25
Dolmetscher 223, 235
Doppelbuchstaben 24, 33
Doppellaute 25 f.
Duzen 54

## E

Einkaufen 117
  Gemüse 131
  im Kaufhaus 118 f.
  im Supermarkt 134
  Kleidung 120, 122
  Kunsthandwerk 137
  Ladenöffnungszeiten 118
  Obst 130
einladen 140, 142
Eintrittskarten 143
Entschuldigung 90
Essen
  allergisch sein 100
  bestellen 107
  das Verb essen 102
  das Verb trinken 101
  die Mahlzeiten 99

die Speisekarte 103
Fisch 132
für Vegetarier 112
Gemüse 131
Hunger und Durst 99
in Lateinamerika 115
Lebensmittel 134
Obst 130
spanische Küche 110 ff.
Tapas 113 f.
Tischgespräche 100
... und trinken 100, 105 f.
Zahlen 109

## F

Fachärzte 223
Fahrkarten kaufen 175, 178
Fahrplan 183
Falsche Freunde 22 f., 245
Familie 97
Farben 121
Feiertage 139
Femininum 51, 53
Film 144
Fisch 132
Flamenco 137
fliegen 171
Flughafen 171
Formulare ausfüllen 206
Fortbewegung 184
Fragen 39 f., 90
mit Fragewörtern 90 ff.
ohne Fragewörter 39
Satzbildung 38
stellen 38
Fragewort 38, 189
Fragezeichen 36
Freizeit 139, 147
Fundbüro 172
Fußball 150

## G

Gebäude 155
gehen 184
Geld 69
Geldautomat 71 ff.
Gemüse 131
Gepäck 171 ff.
Geschlechter, grammatikalische 51
Gesetze 234
Getränke 105
bestellen 106
Gewicht 133

## H

Handeln 136
Handy 164
Haus 211, 215
helfen 224
Hilfe rufen 219
Höflichkeitsform 54, 78
Hotel 200 f., 204

## I

Imperativ 192

## J

Jahreszeiten 68

## K

Kaffee
trinken 105
Karten
kaufen 143
Kennenlernen 75 f.
Kino 142, 144
Kleidung 120, 122 ff.

Farben 121
Material 124
Körperteile 227
kommen 187
Komparativ 127
Konjugationstabellen 43, 45
Konsonanten 26 f.
Konsonantenverbindungen 33
Konzert 143
Krankenhaus 223
Krankenversicherung 233
Krankenwagen rufen 224
Krankheiten 221 f.
Kreditkarte 69, 73
Kultur 139, 142, 145
Kunsthandwerk 137

## L

Ladenöffnungszeiten 118
Landkarte 191
Laptop 164
Lautumschrift 23
ß 31
th 27

## M

Mahlzeiten 99
Markt 129
Fisch einkaufen 132
Gemüse einkaufen 131
handeln 136
Kunsthandwerk 135
Obst einkaufen 130
Maskulinum 51, 53
Maßstab 133
Medikamente 221
Meeresfrüchte 132
Meeting 160
Mengenangaben 133
Miete 212
Mieten 211, 213, 217
Mietkonditionen 214
Minuten 63
Monate 67

## N

Nahverkehr
öffentlicher 171
Natur 147 f.
Notfall 219

## O

Obst 130
Öffnungszeiten 65, 118
Oper 142
Ordnungszahlen 61 f.
Ortsangaben 193

## P

Panne 240
parken 179
Passkontrolle 173
Personalpronomen 41, 55
Personenbeschreibung 237
Polizei 236 f.
Possessivpronomen 56 f.
Prädikat 49
Präpositionen 193
Präteritum 50
Preise 71
Pronomen 41
Personalpronomen 41
Possessivpronomen 56 f.
Reflexivpronomen 45
versteckte 42
Pünktlichkeit 64, 183

## R

Räume 215
Redewendungen 36, 95, 241
Reflexivpronomen 45, 78
Reise buchen und stornieren 196 f.
reisen 171, 196
Reiseschecks 74
Reisezeit 67
reservieren 103

## S

Satz 37
Satzbildung 37 f.
  Fragen 39
Satzstellung 40
schlafen 208
Schmerzen 226, 229
schwimmen 153
Sehenswürdigkeiten 190
sein 79 f.
sich vorstellen 78
Siezen 54
Silben 34
Singular 53
Spazieren gehen 147
Speisekarte 103
Spiel 152
Sport 150, 152
  Ballspiele 151
  Fußball 150
  Schwimmen 153
  Tennis 151
Sprachen
  sprechen 84 ff., 223
Stadtplan 191
Steigerung 127 ff.
Stellensuche 158
Stierkampf 146
Stockwerke 211
Stoffe 124
Straßenzustand 182
Stunden 62
Substantive, maskuline und feminine 53
suchen 225
Superlativ 127 f.
Supermarkt 134

## T

Tageszeiten 63, 75
tanzen gehen 141
Tapas 113 f.
Taxi fahren 177
telefonieren 165, 167, 169
Temperatur 94
Tennis 151
Theater 142, 145
Tiere 148
Tischgespräche 100
Tisch reservieren 103
Toilette 110
trinken 100
Trinkgeld 70, 109
Trinkwasser 207

## U

Übernachten 199
Uhrzeit 62, 64
Umlaute 167
Unfall 238
Unterkunft 199 f.

## V

Vegetarier 112
Verabredung 65 f., 140, 142, 144
Verb
  Endung 42, 45
  reflexives 45, 78
  regelmäßiges 40, 42

Stamm 42, 45
unregelmäßiges 40, 45 f., 152
Vergangenheit
pretérito perfecto 49
Vergleiche 127
Verkehrskontrolle 234
Verkehrsschilder 180
Vermieten 217
Verneinung 38
verstehen 88
Vokale 24

## W

wandern 147
Wasser 207
Wassersport 153
Wegbeschreibung 189, 191 f., 195
Wetter 94 f.
Wochentage 65 f.
wohnen 89
Wohnung 211 ff.
Wohnungsannoncen 216
Wohnungsvermittlung 213

## Z

Zahlen 59 f.
Zahlungsmittel 69
Zahnarzt 232
Zeitangaben 62
Zimmer 200 f., 203 f., 215
Zoll 174
Zug fahren 175
Zukunft 43 ff.
nahe 48